산업연관표 · 파이썬을 활용한

경제구조와 산업연관효과 분석

Analysis of economic structures and inter-industry effects
using input-output tables and Python

유복근(Bok-Keun YU) · 정영호(Young Ho JUNG)

박영사

이 책의 머리말

　이 책의 목적은 국가 수준, 지역 간 및 국가 간 산업연관표와 데이터 분석에 널리 쓰이고 있는 파이썬(Python) 프로그래밍을 결합하여 학자, 학생, 연구자 및 정책담당자들이 좀 더 쉽게 경제구조와 산업연관효과 분석 등을 할 수 있게 도움을 주는 것입니다.

　이미 잘 알려진 바와 같이 산업연관표를 활용하면 직접적인 정보를 통해 경제 전체의 공급·수요와 산업구조는 물론 산업별 투입·배분과 수출·입 등 다양한 경제구조 분석이 가능합니다. 다른 한편으로 역행렬 등 행렬연산을 이용하면 최종수요가 산업별로 생산, 고용, 소득(부가가치) 등에 미치는 직·간접 효과를 파악할 수 있으며, 임금, 국산 및 수입 중간투입재의 가격, 환율 변동 등의 가격파급효과도 분석할 수 있습니다. 지역별·국가별로 상이한 생산기술과 거래구조를 반영한 지역 간 산업연관표와 국가 간 산업연관표가 작성됨에 따라 단순 국가 수준보다 훨씬 더 다양하고 포괄적인 경제적 효과에 대한 분석이 가능해졌습니다. 에너지·환경 산업연관표를 이용하면 각 산업의 생산활동이 에너지 수요와 환경에 미치는 효과 등도 분석할 수 있습니다.

　이처럼 산업연관표를 잘 활용하면 다양한 경제적 효과를 분석할 수 있음에도 불구하고 연구자들이 쉽게 접근해서 분석하는 데 어려움을 겪고 있는 것이 현실이기도 합니다. 저자들이 파악하기에는 먼저 산업연관표의 체계에 대한 전반적인 이해와 산업연관효과 분석 결과에 대한 정확한 해석이 어렵다는 점이었습니다. 다음으로 산업연관표의 부문통합 작업과 역행렬 등 행렬연산을 이용한 산업연관효과 분석에 사용되는 프로그래밍에 익숙하지 않다는 점이었습니다.

이 책은 다음의 세 가지에 주안점을 두고 작성되었습니다. 첫째, 주제별로 기본 개념, 예시, 파이썬 실습 부분으로 나누어 기본적인 수준의 경제학과 프로그래밍에 대한 지식을 가진 분들이 산업연관표를 잘 이해하고 산업연관효과 분석 방법과 결과 해석 등을 보다 체계적이고 명확하게 할 수 있도록 돕고자 하였습니다. 기본 개념 부분에서는 특정 주제에 대해 말 그대로 기본적인 개념과 의미를 알아보고, 수식이나 산식의 경우에는 복잡하게 전개하는 대신에 간결한 문장식으로 표현함으로써 연구자들이 보다 쉽게 이해할 수 있도록 하였습니다. 예시 부분에서는 파이썬 프로그래밍을 통해 도출한 실제 수치에 기반하여 경제구조나 산업연관효과 분석 결과를 해석하고자 노력하였습니다. 파이썬 실습 부분에서는 가능한 한 최근에 작성된 산업연관표의 데이터를 사용하여 독자들이 실습할 수 있도록 관련 프로그램과 설명을 추가하고 프로그램 실행 결과를 보여주었으며, 또한 독자들이 프로그램을 보다 쉽게 이용할 수 있도록 데이터와 노트북을 https://github.com/IO-2024/IOTs_with_python에 올려두었으니 참고하시길 바랍니다.

둘째, 경제구조와 산업연관효과 분석을 위해 데이터 분석, 기계 학습 등에 가장 널리 쓰이고 있는 파이썬 프로그래밍을 활용하였습니다. 기존 사용 프로그램인 SAS나 R 등에 비해 파이썬의 경우 문법이 간결하고 쉬운 데다 다양한 라이브러리를 갖추고 있어 초보자들도 사용할 수 있습니다. 파이썬은 인터넷을 통해 무료로 이용이 가능하므로 산업연관효과 분석의 활성화와 대중화에도 기여할 것으로 기대됩니다.

셋째, 지역 간 및 국가 간 산업연관효과 분석 부분의 내용을 확충하고 다양화하였습니다. 기존의 산업연관효과 분석 관련 안내서나 책은 국가 차원의 산업연관표를 주요 대상으로 하고 있습니다. 오늘날에는 국가 내에서도 지역별로 생산기술 구조가 다르고 지역 간에 경제적 교류도 활발해짐에 따라 지역 간 산업연관효과 분석이 더욱 중요해졌습니다. 또한 국가들 사이에 수출·입 거래가 확대됨에 따라 국가 간 산업연관효과 분석을 통해 다양한 경제적 연관관계를 파악할 필요성도 커졌습니다.

끝으로 한국은행에서 수십 년 동안 산업연관표의 작성과 분석 업무를 헌신적으로 수행해 온 선·후배님들의 도움이 없었으면 이 책의 발간이 불가능했습니다. 이 자리를 빌려 진심으로 감사의 말씀을 드립니다.

2024년 5월

유복근·정영호

이 책의 차례

제7장 🖵 지역 간 산업연관효과 분석

제8장 🖵 국가 간 산업연관효과 분석

산업연관분석의 이해

산업연관분석의 이해

제1장

산업연관표·파이썬을 활용한 경제구조와 산업연관효과 분석

1 산업연관분석 개요

기본 개념

산업연관분석(inter－industry analysis)은 투입산출분석(input－output analysis)이라고도 알려져 있는데, 간단히 정의하자면 산업연관표를 이용하여 서로 다른 산업 간의 상호의존관계(interdependence)를 수량적으로 분석하는 것이다(Miller and Blair, 2022; 한국은행, 2014). 즉, 한 나라 경제에서 각 산업은 다른 산업에서 생산된 재화나 서비스를 중간재로 구입하여 특정한 재화나 서비스를 생산하며, 이를 다시 다른 산업의 중간재나 소비, 투자, 수출 등의 최종재로 판매하게 된다. 산업연관표는 일정기간(통상 1년) 동안 이러한 경제적인 거래관계를 행렬형식으로 나타낸 통계표이다.

일반적으로 산업연관분석은 큰 틀에서 보면 경제구조에 대한 일차적인 분석과 각종 산업연관효과에 대한 이차적인 분석으로 나눌 수 있다. 먼저 산업연관표에서

직접적으로 얻을 수 있는 정보를 통해 경제 전체적 측면에서의 공급·수요와 산업구조뿐만 아니라 산업별 투입·배분과 수출·입 구조 등 다양한 경제구조 분석이 가능하다. 다음으로 역행렬 등 행렬연산을 이용하면 최종수요가 산업별로 생산, 고용, 소득(부가가치) 등에 미치는 효과를 직접적인 유발효과와 간접적인 유발효과로 구분하여 분석할 수 있다. 또한 임금 및 서비스요금 인상, 수입상품가격 및 환율 변동 등의 경제적 영향에 대한 분석과 중앙 정부나 지자체의 새로운 경제정책 도입 및 개발사업의 경제적 파급효과에 대한 분석도 가능하다.

이 밖에도 지역별로 서로 다른 생산기술과 거래 구조를 반영한 지역 간 산업연관표를 이용하면 한 국가 내에서 보다 정확한 지역경제 구조 및 지역·산업 간의 연관관계 등에 대한 분석을 할 수 있다. 또한 국가 간 산업연관표를 이용하면 국가들 상호 간의 거래관계 및 다양한 경제적 파급효과를 체계적으로 분석할 수 있다. 오늘날에는 경제개발에 따른 환경오염, 화석연료 사용에 따른 기후변화 문제가 전 세계적인 이슈가 되고 있다. 에너지산업연관표나 환경산업연관표 등을 통해 각 산업의 생산활동이 에너지 수요 및 환경에 미치는 직·간접 파급효과를 분석함으로써 이들 문제에 대해 효율적으로 대응하는 데 도움을 줄 수도 있다.

이처럼 산업연관분석은 경제구조 및 산업연관효과를 분석하는 데 매우 유용한 분석도구로 활용될 수 있다. 그러나 산업연관분석은 각 산업의 투입구조, 즉 생산기술이 안정적이라는 가정에 기초하고 있어 상대가격의 급격한 변동이나 기술혁신과 수입대체 등으로 투입구조가 크게 바뀔 경우에는 분석결과의 정확성이 떨어질 수 있다. 다른 한편으로 산업연관분석은 총산출이 투입수준에 정비례(proportionality)한다는 기본가정을 하고 있어 현실경제와 다소 괴리될 가능성도 존재한다. 이러한 산업연관분석의 유용성과 한계점을 고려할 때 실제 경제분석에 있어서는 거시 및 미시 모형분석과 상호보완적으로 수행될 필요가 있다.

한편, 현대적인 산업연관분석의 시작은 1973년도 노벨경제학상 수상자인 레온티에프(Wassily W. Leontief)가 "Quantitative Input and Output Relations in the Economic System of the United States(*The Review of Economics and Statistics*, 1936)"라는 제목으로 발표한 논문으로 거슬러 올라간다. 그 후 미국정부가 1947년 산업연

관표를 최초로 작성하였으며, 영국(1948년표), 일본(1951년표) 등을 필두로 오늘날까지 많은 국가들이 작성하고 있다. 우리나라의 경우 한국은행이 1964년에 1960년 산업연관표를 최초로 작성한 이래 정기적으로 작성해 오고 있다.

2 🖥 산업연관표의 기본구조

⬇ 예시

산업연관분석에 통상적으로 사용되는 산업연관표는 행과 열이 모두 상품으로 되어 있는 「상품×상품」 형태인데, 이를 「산업×상품」 형태의 공급사용표(supply-use tables)와 구분하여 투입산출표(input-output tables)라고 부른다. 이러한 투입산출표를 기준으로 한 산업연관표의 기본구조는 <그림 Ⅰ-1>과 같다.

산업연관표는 상품 간 거래를 나타내는 내생부문, 그리고 각 상품의 생산을 위한 본원적 생산요소 투입과 생산물의 최종수요를 나타내는 외생부문으로 구분된다. 내생부문의 경우 세로(열) 방향은 각 상품의 생산을 위한 중간재의 구입내역을 보여주며, 가로(행) 방향은 생산된 각 상품의 판매내역을 보여준다. 외생부문의 경우에는 세로(열) 방향은 각 상품의 생산을 위한 토지, 노동, 자본 등의 투입을 나타내는 부가가치 부문을 나타내며, 가로(행) 방향은 소비, 투자, 수출 등으로 이루어진 최종수요 부문을 나타낸다. 부가가치 부문은 다시 피용자보수, 영업잉여, 고정자본소모, 순생산물세(생산물세-생산물보조금)로 나누어진다. 최종수요 부문의 경우 소비, 투자, 수출로 구분되는데, 소비는 민간소비지출과 정부소비지출로, 투자는 민간고정자본형성과 정부고정자본형성, 재고증감, 귀중품순취득으로 각각 세분된다. 아울러 세로(열) 방향에서 중간투입과 부가가치의 합계는 총투입액(=총산출액)이 되며, 가로(행) 방향에서 중간수요와 최종수요의 합계인 총수요액(=총공급액)에서 수입을 빼면 총산출액(=총투입액)이 된다.

<그림 Ⅰ-1>　　　　　　　　　　**산업연관표(투입산출표) 기본구조**

	중간수요	최종수요	총수요	총산출	수입(공제)	총공급
중간투입	(내생부문)	(외생부문)				
부가가치	(외생부문)					
총투입						

　　한편, 산업연관표와 국민소득통계는 한 나라 국민들의 동일한 경제활동을 대상으로 함에 따라 서로 밀접한 관계를 갖고 있다. 즉, 산업연관표의 부가가치는 국민소득통계의 생산국민소득 또는 분배국민소득과 일치하며, 최종수요에서 수입을 제외하면 지출국민소득이 된다.

제2장

파이썬을 활용한 기초 행렬연산

파이썬을 활용한 기초 행렬연산

제2장

산업연관표·파이썬을 활용한 경제구조와 산업연관효과 분석

1 파이썬 기초

파이썬 실습

통상적으로 파이썬을 사용하기 위해서는 PC에 직접 설치하는 방법과 인터넷 기반의 구글 Colab(Colaboratory)을 이용하는 방법이 있다. 이 책에서는 버전에 구애받지 않고 인터넷 환경에서 어디서나 이용 가능한 Colab을 기반으로 파이썬 실습을 진행하도록 한다. 참고로 PC에 직접 설치할 경우에는 Jupyter notebook을 이용하면 코드 실행 등 Colab과 동일한 작업 진행이 가능하다.

1.1 Colab 기본 사용법

먼저 https://colab.research.google.com에 접속하면 아래와 같은 화면이 나타

난다. 코드는 '＋코드'를 통해 작성할 수 있으며, 목차나 설명 등은 '＋텍스트'를 이용
하면 된다.

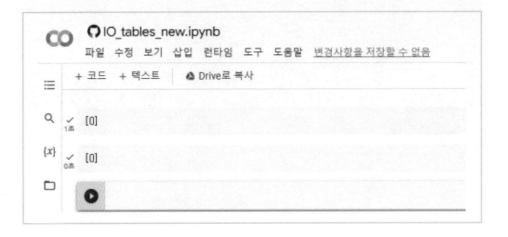

1.2 데이터 불러오기

외부의 데이터를 불러오기 위해 두 가지 방법을 소개한다. 첫째, 왼쪽의 폴더모
양을 클릭한 이후 화살표 모양의 사각형을 클릭하여 업로드하면 된다. 업로드가 완
료되면 입수한 파일이 표시된다. 둘째, github에 저장된 파일을 URL로 불러오는 방
법이 있다.

Colab 폴더에 파일 불러오기

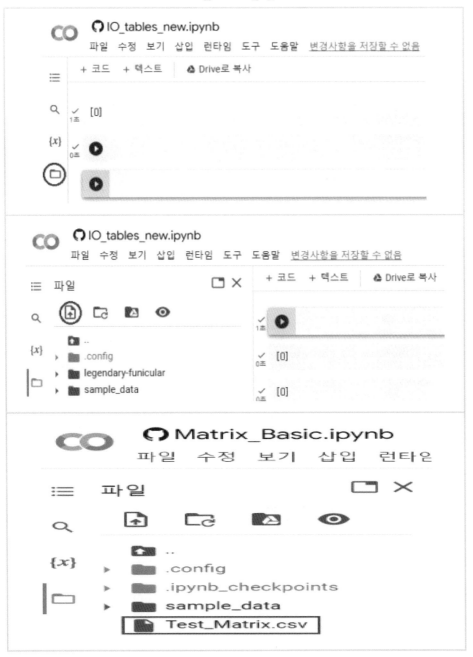

URL을 이용하여 파일 불러오기

IOTs_with_python / data /

Imported_Matrix_2010_cst.csv	Add files via upload
Imported_Matrix_2010_cst_3sectors.csv	Add files via upload
Imported_Matrix_2015_cst.csv	Add files via upload
Imported_Matrix_2015_cst_3sectors.csv	Add files via upload
Imported_Matrix_3_secs.csv	Add files via upload
Imported_matrix_3sectors.csv	Add files via upload
Regional_IO_3regions_3sectors.csv	Add files via upload
Regional_IO_3sector_3rg_emp.csv	Add files via upload
Regional_Matrix.csv	Add files via upload
Test_Matrix.csv	Add files via upload

IOTs_with_python / data / Test_Matrix.csv

Tom-Jung Add files via upload   e5dfc2c · 2 months ago   History

Preview   Code   Blame   4 lines (4 loc) · 57 Bytes   Code 55% faster with GitHub Copilot   Raw

Q Search this file

1	Ind	Arg	Manu	Serv
2	Arg	1	2	3
3	Manu	4	5	6

← → ⟳ raw.githubusercontent.com/IO-2024/IOTs_with_python/main/data/Test_Matrix.csv

```
Ind,Arg,Manu,Serv
Arg,1,2,3
Manu,4,5,6
Serv,7,8,9
```

1.3 Numpy 라이브러리와 Pandas 라이브러리

Numpy 라이브러리는 Numerical Python의 약어로 다차원 배열을 쉽게 처리할 수 있도록 지원하며, 특히 행렬화된 산업연관표를 이용하는 분석에 매우 효율적인 패키지로 알려져 있다. 또한 Pandas라는 라이브러리는 패널 데이터(panel data)에서 그 이름을 따왔는데 일반적인 엑셀 데이터를 다루는데 최적화된 패키지이다. 이 책에서는 숫자를 다루는데 효율적인 Numpy를 주로 이용하고, 데이터의 입수와 변수명을 포함한 결과 출력 등에 Pandas를 보조적으로 이용한다.

<먼저 Numpy 라이브러리와 Pandas 라이브러리를 파이썬으로 입수하고 통상적으로 사용되는 축약형인 np 및 pd로 정의한다.>

In

```
import numpy as np    # Numpy import
import pandas as pd   # Pandas import
```

산업연관분석을 위해서는 산업연관표를 Numpy 라이브러리로 입수하는 것이 출발점이다. 앞서 언급한 바와 같이 산업연관표를 Colab 폴더에 입수한 후에 이를 다시 Numpy 라이브러리로 입수하는 방법과 데이터의 url이 있는 경우 Colab 폴더를 거치지 않고 직접 Numpy 라이브러리로 입수하는 방법이 있다. 이 두 경우 모두 Pandas의 DataFrame으로 먼저 입수하고 데이터를 확인한 후 다시 Numpy의 데이터 형태인 배열(Array)로 전환하도록 한다.

<Colab에 저장된 데이터를 Pandas 라이브러리로 불러와서 DataFrame을 생성한다.>

In

```
t_url
= "https://raw.githubusercontent.com/IO-2024/IOTs_with_python/main/data/Test_Matrix.csv"
# url로 불러오기
test_files = pd.read_csv(t_url)   # url을 DataFrame으로 불러오기
print('데이터 불러오기 \n', test_files)
```

Out

```
데이터 불러오기
        Ind     Arg     Manu     Serv
  0     Arg      1       2        3
  1     Manu     4       5        6
  2     Serv     7       8        9
```

In

```
test_np = test_files.to_numpy()   # DataFrame을 배열(Array)로 전환
test_num = test_np[:,1:4].astype(float)   # 실수로 전환

print('Numpy의 배열로 불러오기 \n', test_np,'\n')
print('숫자만 남긴 배열 \n', test_num,'\n')
```

Out

Numpy의 배열로 불러오기
```
[['Arg'  1 2 3]
 ['Manu' 4 5 6]
 ['Serv'  7 8 9]]
```

숫자만 남긴 배열
```
[[1. 2. 3.]
 [4. 5. 6.]
 [7. 8. 9.]]
```

2 | 행렬의 연산과 처리

파이썬 실습

행렬(matrix)이란 사각형으로 수를 배열한 것으로 기본적인 사칙연산과 산업연관분석에 필요한 기본적인 행렬의 처리에 대해 간략히 알아보고자 한다. 다음의 2개 행렬, A와 B로 설명을 하며 Numpy 라이브러리로 코드를 실행하고 결과를 나타낸다.

2.1 행렬의 생성

<먼저 Numpy와 Pandas를 np와 pd로 정의하는 것으로 시작한다.>

In

```
import numpy as np    # Numpy import
import pandas as pd   # Pandas import
```

<행렬을 생성하기 위해 앞서 설명한 바와 같이 데이터를 불러올 수 있으나 행렬 A와 B가 3×3의 간단한 행렬이므로 array 함수를 이용하여 Numpy 내에서 직접 생성한다. 행렬의 차원, 행과 열의 개수, 전체 원소의 개수를 알아보기 위해 각각 ndim, shape 및 size 함수를 이용한다.>

In

```
A = np.array([ [2, 5, 4],   # 2차원 행렬 A, B 생성
               [1, 3, 5],
               [8, 9, 0] ])

B = np.array([ [1, 5, 0],
               [3, 8, 3],
               [4, 2, 7] ])

A_dim = np.ndim(A)    # A 행렬의 차원
A_shp = np.shape(A)   # A 행렬의 행과 열의 개수
A_sz = np.size(A)     # A 행렬의 원소의 개수

print('A ₩n', A)
print('B ₩n', B)
print('A 행렬의 차원 ₩n', A_dim)
print('A 행렬의 행과 열의 개수 ₩n', A_shp)
print('A 행렬의 총원소 개수 ₩n', A_sz)
```

Out

A
 [[2 5 4]
 [1 3 5]
 [8 9 0]]

B
 [[1 5 0]
 [3 8 3]
 [4 2 7]]

A 행렬의 차원
 2
A 행렬의 행과 열의 개수
 (3, 3)
A 행렬의 총원소 개수
 9

2.2 덧셈과 뺄셈

서로 다른 행렬 간 덧셈과 뺄셈을 하기 위해서는 대상 행렬들의 차원이 같아야 하며, 실제 계산에서는 서로 대응되는 위치에 있는 원소끼리 더하거나 빼면 된다.

<일반적인 연산과 마찬가지로 덧셈과 뺄셈은 각각 '+'와 '-'를 사용한다.>

In

```
A_B_sm = A + B  # 행렬의 합
A_B_dc = A - B  # 행렬의 차
```

```
print('행렬 A와 행렬 B의 합 ₩n', A_B_sm,'₩n')
print('행렬 A와 행렬 B의 차 ₩n', A_B_dc)
```

Out

행렬 A와 행렬 B의 합
 [[3 10 4]
 [4 11 8]
 [12 11 7]]

행렬 A와 행렬 B의 차
 [[1 0 4]
 [-2 -5 2]
 [4 7 -7]]

2.3 곱셈

서로 다른 행렬을 곱하기 위해서는 곱셈식의 앞에 위치한 행렬의 열의 수 (m×n)와 뒤에 위치한 행렬의 행의 수(n×p)가 같아야 한다.

<'dot' 함수를 이용하거나 '@'를 이용하여 행렬의 곱을 계산하며 AB와 BA의 결과가 달라 교환법칙은 성립하지 않는다. 참고로 원소 간의 곱셈은 '*'를 사용한다.>

In

```
Cab = A.dot(B)  # 행렬곱 AB
Cba = B.dot(A)  # 행렬곱 BA

Mab = A@B  # 행렬곱 AB
Mba = B@A  # 행렬곱 BA
```

```
CAB = A*B        # A*B(행렬원소 간의 곱)

print('A.dot(B) ₩n', Cab, '₩n')
print('B.dot(A) ₩n', Cba, '₩n')
print('A@B ₩n', Mab, '₩n')
print('B@A ₩n', Mba, '₩n')
print('A*B ₩n', CAB)
```

Out

A.dot(B)
 [[33 58 43]
 [30 39 44]
 [35 112 27]]

B.dot(A)
 [[7 20 29]
 [38 66 52]
 [66 89 26]]

A@B
 [[33 58 43]
 [30 39 44]
 [35 112 27]]

B@A
 [[7 20 29]
 [38 66 52]
 [66 89 26]]

A*B
 [[2 25 0]
 [3 24 15]
 [32 18 0]]

2.4 **역행렬 및 전치행렬**

정방행렬(n×n) A와 B가 있어 AB＝BA＝I(단위행렬)의 관계가 성립할 경우 행렬 B를 행렬 A의 역행렬(inverse matrix)이라고 하는데, A^{-1}로 표기하며 행렬 A도 B의 역행렬이 되며 B^{-1}로 표기한다. 전치행렬(transposed matrix)은 행렬의 행과 열의 위치를 서로 바꾼 행렬을 말한다.

<Numpy 라이브러리에서 'linalg.inv' 함수를 이용하여 역행렬을 구하고, 전치행렬은 'T'를 사용한다.>

In

```
A_inv = np.linalg.inv(A)  # A의 역행렬 구하기
B_inv = np.linalg.inv(B)  # B의 역행렬 구하기
At = A.T  # A의 전치행렬 구하기
Bt = B.T  # B의 전치행렬 구하기

print('A의 역행렬 A-1 ₩n', A_inv, '₩n')
print('B의 역행렬 B-1 ₩n', B_inv, '₩n')
print('A의 전치행렬 At ₩n', At, '₩n')
print('B의 전치행렬 Bt ₩n', Bt)
```

`Out`

A의 역행렬 A-1
 [[-0.9 0.72 0.26]
 [0.8 -0.64 -0.12]
 [-0.3 0.44 0.02]]

B의 역행렬 B-1
 [[10. -7.   3.]
 [-1.8 1.4 -0.6]
 [-5.2 3.6 -1.4]]

A의 전치행렬 At
 [[2 1 8]
 [5 3 9]
 [4 5 0]]

B의 전치행렬 Bt
 [[1 3 4]
 [5 8 2]
 [0 3 7]]

2.5 기타 행렬 연산 및 처리

<Numpy 라이브러리에서 단위행렬을 만들기 위해서는 'eye' 함수, 모든 요소
가 0 및 1인 행렬을 생성하기 위해서는 각각 'zeros'와 'ones' 함수, 정방행렬
의 대각 요소를 추출하기 위해서는 'diag' 함수를 사용한다.>

In

```
I = np.eye(3) # 단위행렬
Z = np.zeros((3,3))    # 영 행렬
One = np.ones((3,3)) # 모든 요소가 1인 행렬
Diag = np.diag(A)    # 행렬의 대각요소 추출
Diag_mtx = np.diagflat(Diag)    # 대각행렬 만들기

print('단위행렬 \n', I, '\n')
print('영행렬 \n', Z, '\n')
print('모든 요소가 1인 행렬 \n', One, '\n')
print('행렬의 대각요소 \n', Diag, '\n')
print('대각행렬 만들기 \n', Diag_mtx)
```

Out

단위행렬
 [[1. 0. 0.]
 [0. 1. 0.]
 [0. 0. 1.]]

영행렬
 [[0. 0. 0.]
 [0. 0. 0.]
 [0. 0. 0.]]

모든 요소가 1인 행혈
 [[1. 1. 1.]
 [1. 1. 1.]
 [1. 1. 1.]]

행렬의 대각요소
 [2 3 0]

대각행렬 만들기
 [[2 0 0]
 [0 3 0]
 [0 0 0]]

<행렬에서 특정한 행 또는 열의 합을 추출(slicing)하기 위해서는 행 또는 열의 자릿수를 입력하게 되는데, 파이썬에서는 첫 번째 자릿수가 1이 아닌 0부터 시작됨에 유의해야 한다.>

`In`

```
A_last_row = A[-1]      # 마지막 행 선택
A_last_col = A[:,-1]     # 마지막 열 선택
A_r3_c1 = A[0:3,0:1]    # 3행 1열 선택(0은 생략 가능)

print('A 행렬의 마지막 행 \n', A_last_row, '\n')
print('A 행렬의 마직막 열 \n', A_last_col, '\n')
print('A 행렬의 3행 1열 \n', A_r3_c1)
```

`Out`

```
A 행렬의 마지막 행
 [8 9 0]

A 행렬의 마지막 열
 [4 5 0]

A 행렬의 3행 1열
 [[2]
 [1]
 [8]]
```

<행렬을 반복하기 위해서는 tile 함수, 행합(axis=0) 또는 열합(axis=1)을 구하기 위해서는 sum 함수를 이용한다. 행합 또는 열합의 결과가 원래 행렬의 차원과 동일하게 하기 위해서 keepdims=True 옵션을 사용한다.>

In

```
A_rp = np.tile(A_last_row, reps=[4,1])    # A 마지막행 4번 반복
A_tot_sm = A.sum()    # 행렬의 모든 원소 합
A_row_sm = A.sum(axis=0,keepdims=True)    # 행렬의 행합
A_col_sm = A.sum(axis=1, keepdims=True)   # 행렬의 열합
A_row_sm_1d = A.sum(axis=0)    # 행렬의 행합을 1차원으로 나타냄

print('A 행렬의 마지막행 4번 반복 \n', A_rp, '\n')
print('A 행렬의 모든 원소 합 \n', A_tot_sm, '\n')
print('A 행렬의 행합 \n', A_row_sm, '\n')
print('A 행렬의 열합 \n', A_col_sm, '\n')
print('A 행렬의 행합을 1차원으로 표시 \n', A_row_sm_1d)
```

Out

```
A 행렬의 마지막행 4번 반복
 [[8 9 0]
 [8 9 0]
 [8 9 0]
 [8 9 0]]

A 행렬의 모든 원소 합
 37

A 행렬의 행합
 [[11 17 9]]

A 행렬의 열합
 [[11]
 [ 9]
 [17]]

A 행렬의 행합을 1차원으로 표시
 [11 17 9]
```

<두 행렬을 합치기 위해서는 concatenate, hstack 및 vstack 함수를 이용한다.>

In

```
A_B_vt = np.concatenate((A, B), axis=0)  # 행렬 수평으로 합치기
A_B_hz = np.concatenate((A, B), axis=1)  # 행렬 수직으로 합치기

print('행렬 수평으로 합치기 \n', A_B_hz, '\n')
print('행렬 수직으로 합치기 \n', A_B_vt)
```

In

```
A_B_hst = np.hstack((A,B)) # 행렬 수평으로 합치기
A_B_vst = np.vstack((A,B)) # 행렬 수직으로 합치기

print('행렬 수평으로 합치기_hstack \n', A_B_hst, '\n')
print('행렬 수직으로 합치기_vstack \n', A_B_vst)
```

Out

```
행렬 수평으로 합치기
 [[2 5 4 1 5 0]
 [1 3 5 3 8 3]
 [8 9 0 4 2 7]]

행렬 수직으로 합치기
 [[2 5 4]
 [1 3 5]
 [8 9 0]
 [1 5 0]
 [3 8 3]
 [4 2 7]]
```

제3장

산업연관표의 유형

산업연관표의 유형

산업연관표·파이썬을 활용한 경제구조와 산업연관효과 분석

1 총거래표

기본 개념

산업연관표는 가격평가 기준이나 수입거래액의 처리 방식에 따라 여러가지 형태가 있다. 가격평가 기준으로는 구매자가격평가표(구매자가 지급하는 가격), 생산자가격평가표(구매자가격−도소매마진−화물운임), 기초가격평가표(생산자가격−생산물세+생산물보조금)로 나눌 수 있다. 구매자가격평가표를 사용하면 동일한 상품이라고 하더라도 수요부문에 따라 도소매 마진과 화물 운임이 달라 생산기술구조의 안정성을 전제로 하는 산업연관효과 분석의 정확성이 떨어질 수 있다. 또한 기초가격평가표를 이용할 경우에는 상품을 생산하는 기업들이 실제로 부담하는 순생산물세가 거래내역에 포함되지 않는 문제가 발생한다. 따라서 보다 엄밀한 산업연관효과 분석을 위해서는 생산자가격평가표가 주로 이용된다. 이 책에서도 기본적으로 생산자가격 기

준의 산업연관표를 가정한다.

또한 산업연관표는 수입거래액의 분리 여부에 따라 경쟁수입형표와 비경쟁수입형표로 나눌 수 있다. 경쟁수입형표는 동일한 재화나 서비스인 경우에 국산과 수입 여부에 관계없이 일괄하여 기록한다. 비경쟁수입형표는 국산품과 수입품을 서로 분리하여 각각의 거래를 기록한다. 경쟁수입형표의 경우에는 각 상품의 투입과 배분내역을 경제 전체적으로 살펴볼 수 있다는 장점이 있으나, 산업연관효과를 분석할 때는 수입으로 인해 해외로 누출되는 효과를 분리하기가 어렵게 된다. 이에 따라 통상적인 산업연관효과 분석을 위해서는 국내유발효과와 수입유발효과로 분리하여 파악이 가능한 비경쟁수입형표가 주로 사용된다.

⬇ 예시

<표 Ⅲ-1>은 국산거래액과 수입거래액이 함께 포함된 경쟁수입형표를 나타내는 총거래표(2019년[1])의 예를 보여준다. 우선 총거래표의 세로(열) 방향은 각각의 상품을 생산하기 위한 중간투입과 부가가치투입을 나타낸다. 국민경제 전체적으로는 4,299조 원의 생산을 위해 농산품 27조 원, 공산품 1,239조 원, 서비스 1,105조 원 등 2,371조 원이 중간재로 구입되었으며, 1,928조 원이 노동, 자본 등의 본원적 생산요소(부가가치)로 각각 구입되었음을 알 수 있다. 공산품의 경우를 예로 들면 1,792조 원의 생산을 위해 농산품 38조 원, 공산품 944조 원, 서비스 257조 원 등 1,239조 원을 중간재 구매비용으로 지급하였으며, 553조 원을 본원적 생산요소에 대한 비용으로 각각 지급하였다.

총거래표의 가로(행) 방향은 생산된 각 상품의 중간재 또는 최종재로의 배분내역을 보여준다. 국민경제 전체적으로는 총산출액 4,299조 원과 수입 694조 원을 합한 4,993조 원(총공급) 중에서 농산품 53조 원, 공산품 1,361조 원, 서비스 957조 원 등 2,371조 원이 중간수요로 판매되었으며, 소비 1,263조 원, 투자 599조 원, 수출 760조 원 등 2,622조 원이 최종수요로 각각 판매되었다. 공산품의 경우 총산출액

---

1) 입수가능한 최근 연도의 산업연관표를 예시로 사용하였다.

< 표 Ⅲ-1 > 　　　　　　　　　　　　　**총거래표**

(단위: 조 원)

		중간수요				최종수요				총 수요계	총 산출액	수입	총 공급계
		농산품	공산품	서비스	중간 수요계	소비	투자	수출	최종 수요계				
중간투입	농산품	4	38	11	53	18	0	1	19	72	60	12	72
	공산품	16	944	401	1,361	213	167	628	1,008	2,369	1,792	577	2,369
	서비스	7	257	693	957	1,032	432	131	1,595	2,552	2,447	105	2,552
중간투입계		27	1,239	1,105	2,371	1,263	599	760	2,622	4,993	4,299	694	4,993
부가가치		33	553	1,342	1,928								
총투입계		60	1,792	2,447	4,299								

주: 총거래표＝국산거래표＋수입거래표
자료: 한국은행 산업연관표(2019년표)

1,792조 원과 수입 577조 원을 합한 2,369조 원(총공급) 중에서 농산품 16조 원, 공산품 944조 원, 서비스 401조 원 등 1,361조 원이 중간수요로 판매되었으며, 소비 213조 원, 투자 167조 원, 수출 628조 원 등 1,008조 원이 최종수요로 각각 판매되었음을 알 수 있다.

2　🖳　국산거래표

⬇ 예시

　　<표 Ⅲ-2>는 국산품만의 거래를 보여주는 국산거래표이다. 국산거래표의 세로(열) 방향을 보면, 국민경제 전체적으로는 4,299조 원의 생산을 위해 농산품 26조 원, 공산품 862조 원, 서비스 976조 원 등 1,864조 원이 국산중간재로 구입되었다. 공산품의 경우 1,792조 원의 생산을 위해 농산품 31조 원, 공산품 588조 원, 서비스 243조 원 등 862조 원을 국산중간재 구매비용으로 지급하였다.

<표 Ⅲ-2>   국산거래표

(단위: 조 원)

		중간수요				최종수요				총 수요계
		농산품	공산품	서비스	중간 수요계	소비	투자	수출	최종 수요계	
중 간 투 입	농산품	4	31	10	45	15	−1	1	15	60
	공산품	15	588	322	925	138	106	623	867	1,792
	서비스	7	243	644	894	997	425	131	1,553	2,447
중간투입계		26	862	976	1,864	1,150	530	755	2,435	4,299

주: 국산거래표＝총거래표－수입거래표
자료: 한국은행 산업연관표(2019년표)

　　국산거래표의 가로(행) 방향을 보면, 국민경제 전체적으로는 총산출액 4,299조
원 중에서 농산품 45조 원, 공산품 925조 원, 서비스 894조 원 등 1,864조 원이 중간
수요로 판매되었으며, 소비 1,150조 원, 투자 530조 원, 수출 755조 원 등 2,435조
원이 최종수요로 각각 판매되었다. 공산품의 경우 총산출액 1,792조 원 중에서 농산
품 15조 원, 공산품 588조 원, 서비스 322조 원 등 925조 원이 중간수요로 판매되었
으며, 소비 138조 원, 투자 106조 원, 수출 623조 원 등 867조 원이 최종수요로 각각
판매되었음을 알 수 있다.

3 　📀　수입거래표

📥 예시

　　<표 Ⅲ-3>은 수입품의 거래내역을 기록한 수입거래표이다. 수입거래표의
세로(열) 방향을 보면, 국민경제 전체적으로는 4,299조 원의 생산을 위해 농산품 1조
원, 공산품 377조 원, 서비스 129조 원 등 507조 원이 수입중간재로 구입되었다. 공
산품의 예를 들면, 공산품 1,792조 원의 생산을 위해 농산품 7조 원, 공산품 356조

< 표 Ⅲ-3 >   **수입거래표**

(단위: 조 원)

		중간수요				최종수요				총수요계
		농산품	공산품	서비스	중간수요계	소비	투자	수출	최종수요계	
중간투입	농산품	0	7	1	8	3	1	0	4	12
	공산품	1	356	79	436	75	61	5	141	577
	서비스	0	14	49	63	35	7	0	42	105
중간투입계		1	377	129	507	113	69	5	187	694

주: 수입거래표＝총거래표－국산거래표
자료: 한국은행 산업연관표(2019년표)

원, 서비스 14조 원 등 377조 원을 수입중간재 구매비용으로 지급하였다.

수입거래표의 가로(행) 방향을 보면, 국민경제 전체적으로는 총수입액 694조 원 중에서 농산품 8조 원, 공산품 436조 원, 서비스 63조 원 등 507조 원이 중간수요로 판매되었으며, 소비 113조 원, 투자 69조 원, 수출 5조 원 등 187조 원이 최종수요로 각각 판매되었다. 공산품의 경우 총수입액 577조 원 중에서 농산품 1조 원, 공산품 356조 원, 서비스 79조 원 등 436조 원이 중간수요로 판매되었으며, 소비 75조 원, 투자 61조 원, 수출 5조 원 등 141조 원이 최종수요로 각각 판매되었음을 알 수 있다.

4 🖳 고용표

📥 예시

고용표는 산업연관표의 부속표로서 전업환산기준으로 작성된다. 전업환산기준이란 임시 및 시간제 근로자의 근무시간을 전업 근로자의 근무시간으로 환산하는 것을 말한다. 통상적으로 고용표는 임금근로자수와 취업자수 기준으로 작성되고 있다. 임금근로자는 자신의 근로에 대한 대가로 임금, 일당 등을 받는 근로자로 상용근

< 표 Ⅲ-4 >   고용표

(단위: 만 명)

	임금근로자수	취업자수
농업	10	127
제조업	343	388
서비스업	1,458	1,941
전부문	1,811	2,456

자료: 한국은행 산업연관표(2019년 고용표)

로자, 임시근로자, 일용근로자로 구분[2]된다(한국은행, 2023). 취업자는 임금근로자와
더불어 비임금근로자인 자영업자와 무급가족종사자를 포함하는 보다 포괄적인 개념
이라고 할 수 있다.

　<표 Ⅲ-4>는 임금근로자수와 취업자수 기준의 고용표이다. 임금근로자수는
농업, 제조업, 서비스업이 각각 10만 명, 343만 명, 1,458만 명으로 총 1,811만 명에
달했다. 취업자수는 농업, 제조업, 서비스업이 각각 127만 명, 388만 명, 1,941만 명
으로 총 2,456만 명이었다.

⬇ 파이썬 실습

　33부문(대분류) 산업연관표를 3부문(농산품, 공산품, 서비스)으로 부문통합하는 구
체적인 방법은 <부록 2>를 참고하기 바란다. 여기서는 파이썬을 이용하여 3부문
으로 구성된 총거래표, 국산거래표, 수입거래표 및 고용표를 불러온다. 이후 경제구
조 및 산업연관효과 분석을 위해 이들 거래표가 사용된다. 아울러 추후 파이썬 실습
에서는 거래표 불러오기는 생략하기로 한다.

---

2) 통상 고용계약 기간이 1년 이상, 1개월 이상 1년 미만, 1개월 미만인 경우를 기준으로 각각 상용근로자, 임시
　근로자, 일용근로자로 분류되고 있다.

In

```
# 총거래표(3부문) 불러오기
url_Tt_3 = "https://raw.githubusercontent.com/IO-2024/IOTs_with_python/main/data/Total_matrix_
3sectors.csv"  # 총거래표(3부문) 불러오기
Tt_3 = pd.read_csv(url_Tt_3)

# 국산거래표(3부문) 불러오기
url_Dt_3 = "https://raw.githubusercontent.com/IO-2024/IOTs_with_python/main/data/
Domestic_matrix_3sectors.csv"
Dt_3 = pd.read_csv(url_Dt_3)

# 수입거래표(3부문) 불러오기
url_It_3 = "https://raw.githubusercontent.com/IO-2024/IOTs_with_python/main/data/
Imported_matrix_3sectors.csv"
It_3 = pd.read_csv(url_It_3)

# 고용표(3부문) 불러오기
url_emp_3 = "https://raw.githubusercontent.com/IO-2024/IOTs_with_python/main/data/
Emp_3_secs.csv"
Emp_3 = pd.read_csv(url_emp_3)

# numpy로 불러오기
Tt = Tt_3.to_numpy()   # 총거래표
Dt = Dt_3.to_numpy()   # 국산거래표
It = It_3.to_numpy()   # 수입거래표
Em = Emp_3.to_numpy()  # 고용표

print('총거래표 ₩n', Tt,'₩n')
print('국산거래표 ₩n', Dt,'₩n')
print('수입거래표 ₩n', It,'₩n')
print('고용표 ₩n', Em,'₩n')
```

Out

총거래표
[['농산품' 4.0 38.0 11.0 53.0 18.0 0.0 1.0 19.0 72.0 60.0 12.0 72.0]
['공산품' 16.0 944.0 401.0 1361.0 213.0 167.0 628.0 1008.0 2369.0 1792.0 577.0 2369.0]
['서비스' 7.0 257.0 693.0 957.0 1032.0 432.0 131.0 1595.0 2552.0 2447.0 105.0 2552.0]
['중간투입계' 27.0 1239.0 1105.0 2371.0 1263.0 599.0 760.0 2622.0 4993.0 4299.0 694.0 4993.0]
['부가가치계' 33.0 553.0 1342.0 1928.0 0.0 0.0 0.0 0.0 0.0 0.0 0.0 0.0]
['총투입액' 60.0 1792.0 2447.0 4299.0 0.0 0.0 0.0 0.0 0.0 0.0 0.0 0.0]]

국산거래표
[['농산품' 4.0 31.0 10.0 45.0 15.0 -1.0 1.0 15.0 60.0]
['공산품' 15.0 588.0 322.0 925.0 138.0 106.0 623.0 867.0 1792.0]
['서비스' 7.0 243.0 644.0 894.0 997.0 425.0 131.0 1553.0 2447.0]
['중간투입계' 26.0 862.0 976.0 1864.0 1150.0 530.0 755.0 2435.0 4299.0]]

수입거래표
[['농산품' 0.0 7.0 1.0 8.0 3.0 1.0 0.0 4.0 12.0]
['공산품' 1.0 356.0 79.0 436.0 75.0 61.0 5.0 141.0 577.0]
['서비스' 0.0 14.0 49.0 63.0 35.0 7.0 0.0 42.0 105.0]
['중간투입계' 1.0 377.0 129.0 507.0 113.0 69.0 5.0 187.0 694.0]]

고용표
[['농산품' 10 127]
['공산품' 343 388]
['서비스' 1458 1941]
['전부문' 1811 2456]]

산업연관표를 통한 경제구조 분석

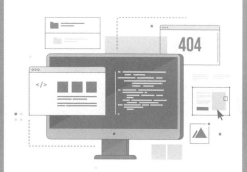

❶ 산업구조
❷ 투입구조
❸ 배분구조

산업연관표를 통한 경제구조 분석

산업연관표·파이썬을 활용한 경제구조와 산업연관효과 분석

제4장

1 산업구조

예시

산업구조는 한 나라 경제의 발달 정도와 산업적 특징을 보여준다. 일반적으로 선진국일수록 1차산업, 제조업 등에 비해 서비스업의 비중이 높은 편이며, 국가별로 상이한 경제환경 등에 따라 제조업 내에서도 산업별 비중이 다를 수 있다. 한편, 산업연관표를 이용하면 국민소득통계에서 알 수 있는 부가가치 기준의 산업구조뿐만 아니라 총산출액 기준의 산업구조도 함께 파악할 수 있는 장점이 있다.

<표 Ⅳ-1>은 부가가치 기준 및 총산출액 기준의 산업구조를 보여준다. 부가가치 기준으로 본 산업구조는 서비스업 69.6%, 제조업 28.7%, 농업 1.7%로 각각 나타났다. 총산출액 기준으로는 서비스업 56.9%, 제조업 41.7%, 농업 1.4%로 각각 나타났다.

<표 IV-1>　　　　　　　　　　산업구조

(단위: %)

	비중(부가가치 기준)	비중(총산출액 기준)
농업	1.7	1.4
제조업	28.7	41.7
서비스업	69.6	56.9
합계	100.0	100.0

주: <표 III−1>의 총거래표를 사용하여 각각 계산하였다.
자료: 한국은행 산업연관표(2019년표)

⬇ 파이썬 실습

총거래표, 국산거래표, 수입거래표 및 고용표는 앞의 제3장에서와 동일하게 각각 Tt, Dt, It, Em으로 표기한다.

```
In

va = Tt[-2,1:4].astype(float)   # 부문별 부가가치
ct = Tt[-1,1:4].astype(float)   # 부문별 산출액

va_wgt = (va/va.sum()*100).reshape([3,1])   # 부가가치 기준 각 부문의 비중
ct_wgt = (ct/ct.sum()*100).reshape([3,1])   # 총산출액 기준 각 부문의 비중

wgt_mx = np.concatenate((va_wgt, ct_wgt), axis=1).round(1)
print('각 부문의 부가가치 및 산출액 기준 비중    ₩n', wgt_mx)
```

```
Out

각 부문의 부가가치 및 산출액 기준 비중
 [[1.7   1.4]
 [28.7   41.7]
 [69.6   56.9]]
```

2 📷 투입구조

📥 **예시**

투입구조는 산업연관표를 세로(열) 방향으로 보면 된다. <표 Ⅳ-2>에서 나타난 바와 같이 중간투입률, 국산화율, 부가가치율 등을 파악할 수 있다. 중간투입률은 각 상품의 생산을 위해 투입된 중간재의 총투입액에 대한 비율(중간투입액/총투입액×100)로 전부문 기준으로는 55.2%이며, 상품별로는 농산품 45.0%, 공산품 69.1%, 서비스 45.2%로 각각 나타났다. 한편 중간투입률을 국산 중간투입률(국산 중간투입액/총투입액×100)과 수입 중간투입률(수입 중간투입액/총투입액×100)로 나누어 살펴볼 수도 있다. 전부문 기준으로 살펴보면 국산 중간투입률과 수입 중간투입률은 각각 43.4% 및 11.8%로 나타났다. 공산품의 경우 국산 중간투입률과 수입 중간투입률은 각각 48.1%와 21.0%임을 알 수 있다.

국산화율은 중간재 중 국산 중간재의 사용 비중(국산품 중간투입액/(국산품 중간투입액+수입품 중간투입액)×100)으로 전부문 기준 78.6%를 나타낸 가운데 농산품 96.3%, 공산품 69.6%, 서비스 88.3%로 각각 나타났다.

<표 Ⅳ-2> 　　　　　　　　　　　　　　투입구조

(단위: %)

	중간투입률			국산화율	부가가치율
	전체	국산	수입		
농산품	45.0	43.3	1.7	96.3	55.0
공산품	69.1	48.1	21.0	69.6	30.9
서비스	45.2	39.9	5.3	88.3	54.8
전부문	55.2	43.4	11.8	78.6	44.8

주: <표 Ⅲ-1>, <표 Ⅲ-2>, <표 Ⅲ-3>의 총거래표, 국산거래표, 수입거래표를 사용하여 각각 계산하였다.
자료: 한국은행 산업연관표(2019년표)

부가가치율은 총투입액에 대한 부가가치의 비율(부가가치/총투입액×100)로서 전 부문 기준으로는 44.8%이며, 상품별로는 농산품 55.0%, 공산품 30.9%, 서비스 54.8%로 각각 나타났다.

⬇ 파이썬 실습

In

```
Tt_itr = Tt[-3,1:5] # 총거래표의 부문별 및 전부문의 중간투입계
Dt_itr = Dt[-1,1:5] # 국산거래표의 부문별 및 전부문의 중간투입계
It_itr = It[-1,1:5] # 수입거래표의 부문별 및 전부문의 중간투입계
Ct_itr = Tt[-1,1:5] # 부문별 및 전부문의 총산출액

# 중간투입률(전체)
Tt_itr_ratio = (Tt_itr/Ct_itr*100).reshape([4,1]).astype(float)
# 중간투입률(국산)
Dt_itr_ratio = (Dt_itr/Ct_itr*100).reshape([4,1]).astype(float)
# 중간투입률(수입)
It_itr_ratio = (It_itr/Ct_itr*100).reshape([4,1]).astype(float)

# 중간투입률(전체, 국산, 수입)
Itr_ratio = (np.concatenate((Tt_itr_ratio, Dt_itr_ratio, It_itr_ratio), axis=1))
```

In

```
# 부문별 및 전부문의 국산화율
Dt_dm_itr = (Dt_itr/Tt_itr*100).reshape([4,1]).astype(float).round(1)

# 부문별 및 전부문의 부가가치율
Va_ratio = (Tt[-2,1:5]/Tt[-1,1:5]*100).reshape([4,1]).astype(float).round(1)
```

In

```
# 부문별 및 전부문의 중간투입률, 국산화율 및 부가가치율을 열병합 하기
Input_str = ((np.concatenate((Itr_ratio, Dt_dm_itr, Va_ratio), axis=1)))
Input_str_f = Input_str.astype(float).round(1)
print('투입구조 ₩n', Input_str_f)
```

Out

```
투입구조
 [[45.  43.3  1.7  96.3  55.]
 [69.1  48.1  21.  69.6  30.9]
 [45.2  39.9  5.3  88.3  54.8]
 [55.2  43.4  11.8  78.6  44.8]]
```

3 🖥 배분구조

⬇ 예시

배분구조는 투입구조와 달리 산업연관표를 가로(행) 방향으로 보면 된다. <표 Ⅳ-3>에서 보듯이 중간수요율, 최종수요율, 수출률, 수입비율 등을 알 수 있다. 중간수요율(중간수요액/총수요액×100)과 최종수요율(최종수요액/총수요액×100)은 총수요액 가운데 중간재와 최종재로의 판매액을 각각 나타낸다. 전부문 기준 중간수요율과 최종수요율은 각각 47.5%, 52.5%로 최종재로의 판매비중이 중간재로의 판매비중보다 다소 높음을 보여준다. 부문별 중간수요율을 살펴보면 농산품 73.6%, 공산품 57.5%, 서비스 37.5%이다.

수출률은 국내에서 생산된 상품이 외국의 중간재나 최종재로 판매되는 비중(수

<표 IV-3>   배분구조

(단위: %)

	중간수요율	최종수요율	수출률	수입비율
농산품	73.6	26.4	1.7	16.7
공산품	57.5	42.5	35.0	24.4
서비스	37.5	62.5	5.4	4.1
전부문	47.5	52.5	17.7	13.9

주: <표 Ⅲ-1>의 총거래표를 사용하여 각각 계산하였다.
자료: 한국은행 산업연관표(2019년표)

출액/총산출액×100)을 말한다. 전부문 기준 수출률은 17.7%이며, 부문별로는 농산품 1.7%, 공산품 35.0%, 서비스 5.4%로 각각 나타났다.

　　수입비율은 총공급액(=총수요액)에서 수입액이 차지하는 비중(수입액/총공급액 ×100)을 나타낸다. 전부문 기준 수입비율은 13.9%였으며, 부문별로는 농산품 16.7%, 공산품 24.4%, 서비스 4.1%로 각각 나타났다.

⬇️ **파이썬 실습**

`In`

```
Tot_sup = Tt[0:4,-1]   # 총거래표의 부문별 및 전부문의 총공급액(총산출액+수입액)
Dom_ct = Dt[0:4,-1]    # 국산거래표의 부문별 및 전부문의 총산출액
Imp_tot = It[0:4,-1]    # 수입거래표의 부문별 및 전부문의 수입액

Tt_itd = Tt[0:4,4] # 총거래표의 부문별 및 전부문의 중간수요계
Dt_itd = Dt[0:4,4] # 국산거래표의 부문별 및 전부문의 중간수요계
It_itd = It[0:4,4] # 수입거래표의 부문별 및 전부문의 중간수요계

Tot_dmd = Tt[0:4,-4] # 총거래표의 부문별 및 전부문의 총수요계
Fd = Tt[0:4,-5] # 총거래표의 부문별 및 전부문의 최종수요계
Exp = Tt[0:4,-6]  # 총거래표의 부문별 및 전부문의 수출액
```

```
# 중간수요율 = 중간수요계/총수요
Itd_r = (Tt_itd/Tot_dmd*100).reshape([4,1]).astype(float).round(1)

# 최종수요율 = 최종수요계/총수요
Ftd_r = (Fd/Tot_dmd*100).reshape([4,1]).astype(float).round(1)

# 수출률 = 수출액/총산출액
Exp_r = (Exp/Dom_ct*100).reshape([4,1]).astype(float).round(1)

# 수입비율 = 수입액/총공급액
Imp_r = (Imp_tot/Tot_sup*100).reshape([4,1]).astype(float).round(1)

# 수입비율 = 수입/총공급
Imp_r = (Imp_tot/Tot_sup).reshape([4,1]).astype(float).round(3)
```

In

```
# 부문별 및 전부문의 중간수요율, 최종수요율, 수출률 및 수입비율 열병합 하기

Dst_str = (np.concatenate((Itd_r, Ftd_r, Exp_r, Imp_r), axis=1))
Dst_str_f = Dst_str.astype(float)
print('배분구조 ₩n', Dst_str_f)
```

Out

```
배분구조
 [[73.6 26.4 1.7 16.7]
 [57.5 42.5 35. 24.4]
 [37.5 62.5 5.4 4.1]
 [47.5 52.5 17.7 13.9]]
```

제5장

산업연관효과 분석

❶ 투입계수
❷ 각종 유발계수

산업연관효과 분석

산업연관표·파이썬을 활용한 경제구조와 산업연관효과 분석

제5장

1　투입계수

기본 개념

　　앞의 제4장에서는 산업연관표를 통해 직접적으로 얻을 수 있는 정보를 통해 산업구조, 투입구조, 배분구조 등의 측면에서 일차적으로 경제구조를 분석하였다. 이장에서는 산업연관표의 투입계수와 역행렬 등 행렬연산을 통해 외생변수인 소비, 투자, 수출 등의 최종수요에 대한 충격이 산업별[1]로 생산, 부가가치, 수입, 부가가치, 고용 등에 미치는 직·간접 유발효과 등을 이차적으로 분석하고자 한다.

　　이러한 분석을 위해 가장 기본적이면서도 첫 번째 단계가 투입계수(input co-efficient)를 산출하는 것이다. 투입계수는 품목별로 한 단위의 생산을 위해 필요한 중

---

1) 산업연관분석을 위해 통상적으로 상품×상품 기준의 투입산출표가 사용되는데, 이는 투입계수가 해당 품목의 생산기술구조를 나타내므로 산업기준보다는 상품기준이 더 적절하기 때문이다(권태현, 2020).

간재 및 부가가치의 단위를 나타내며, 각각의 투입액 및 부가가치를 총투입액(=총산출액)으로 나눈 값으로 해당 부문의 생산기술구조를 의미하기도 한다. 한편 산업연관표를 통한 각종 유발효과 분석은 투입계수의 안정성이 확보되어야 한다. 이를 위해 하나의 산업은 하나의 상품만을 생산하고, 하나의 상품생산을 위해 하나의 생산방법만 존재하며, 또한 규모의 경제 및 외부경제가 존재하지 않는다는 가정 등을 기본 전제로 하고 있다(한국은행, 2014). 또한 투입계수는 일반적으로 물량기준이 아닌 금액기준으로 작성되고 있는데, 이는 행 방향과 열 방향이 동일한 단위로 작성됨으로써 각종 유발효과의 계산을 보다 쉽게 할 수 있기 때문이다.

⬇ 예시

<표 Ⅴ-1>은 총거래표, 국산거래표, 수입거래표를 사용하여 각각 계산한 투입계수표(A형), 국산투입계수표(A^d형), 수입투입계수표(A^m형)이다. 먼저 투입계수표의 두 번째 열을 보면 공산품 한 단위 생산을 위해 농산품 0.021단위, 자체부문인 공산품 0.527단위, 서비스 0.143단위 등 총 0.691단위의 중간재가 투입되었으며, 이 과정에서 0.309단위의 부가가치가 창출되었다. 한편, 국산투입계수표와 수입투입계수표를 통해 공산품 한 단위 생산을 위해 0.481단위의 국산중간재와 0.210단위의 수입중간재가 투입되었음을 알 수 있다. 국산중간재의 경우 농산품 0.017단위, 공산품 0.328단위, 서비스 0.136단위가 투입되었으며, 수입중간재의 경우 농산품 0.004단위, 공산품 0.199단위, 서비스 0.008단위가 투입되었다.

< 표 Ⅴ-1 >　　　　　　　　　　　　투입계수표

		농산품	공산품	서비스
농산품		0.067	0.021	0.004
	(국산)	(0.067)	(0.017)	(0.004)
	(수입)	(0.000)	(0.004)	(0.000)
공산품		0.267	0.527	0.164
	(국산)	(0.250)	(0.328)	(0.132)
	(수입)	(0.017)	(0.199)	(0.032)
서비스		0.117	0.143	0.283
	(국산)	(0.117)	(0.136)	(0.263)
	(수입)	(0.000)	(0.008)	(0.020)
중간투입계		0.450	0.691	0.452
	(국산)	(0.433)	(0.481)	(0.399)
	(수입)	(0.017)	(0.210)	(0.053)
부가가치계		0.550	0.309	0.548
총투입계		1.000	1.000	1.000

주: <표 Ⅲ-1>, <표 Ⅲ-2> <표 Ⅲ-3>의 총거래표, 국산거래표, 수입거래표를 사용하여 각각 계산
　　하였다.
자료: 한국은행 산업연관표(2019년표)

⬇ 파이썬 실습

`In`

```
Tt_1 = Tt[0:6,1:13].astype(float)
Dm_1 = Dt[0:4,1:10].astype(float)
Im_1 = It[0:4,1:10].astype(float)
Ep_1 = Em[:,1:3]

Ct = Tt_1[-1,0:3]   # 총산출액
Va = Tt_1[-2,0:3]   # 부가가치
```

```
Ct_m = np.tile(Ct, reps=[3,1]) # 총산출액 벡터를 3번 행반복

At = (Tt_1[0:3,0:3]/Ct_m)    # 총투입계수
Ad = (Dm_1[0:3,0:3]/Ct_m)    # 국산투입계수
Ai = (Im_1[0:3,0:3]/Ct_m)    # 수입투입계수
Av = (Va/Ct).reshape([1,3]) # 부가가치율 벡터

print('총투입계수표 \n', At.round(3),'\n')
print('국산투입계수표 \n', Ad.round(3),'\n')
print('수입투입계수표 \n', Ai.round(3),'\n')
print('부가가치율 \n', Av.round(3))
```

Out

총투입계수표
[[0.067 0.021 0.004]
 [0.267 0.527 0.164]
 [0.117 0.143 0.283]]

국산투입계수표
[[0.067 0.017 0.004]
 [0.25 0.328 0.132]
 [0.117 0.136 0.263]]

수입투입계수표
[[0.   0.004 0.]
 [0.017 0.199 0.032]
 [0.   0.008 0.02]]

부가가치율
[[0.55 0.309 0.548]]

2 ⬚ 각종 유발계수

2.1 생산유발계수

⬇ 기본 개념

생산유발계수는 어떤 재화나 서비스에 대한 소비, 투자, 수출 등 최종수요가 한 단위 발생하였을 때 각 부문에서 직·간접적으로 유발되는 생산액 단위를 말한다. 이 때 최종수요와 생산 간의 매개역할을 하는 것이 앞에서 언급한 투입계수이다. 여기서는 실제 산업연관효과 분석에 가장 널리 사용되고 있는 국산투입계수(A^d형)를 이용하여 $(I-A^d)^{-1}$형 생산유발계수를 도출하였다. 즉, 국산거래표는 $A^d X + Y^d = X$라는 형태의 수급균형방정식으로 표현될 수 있는데, 이를 다시 X에 대해 재정리하면 $X = (I-A^d)^{-1} Y^d$가 되어 $(I-A^d)^{-1}$형 생산유발계수를 얻을 수 있게 된다. 여기서 A^d는 국산투입계수 행렬, Y^d는 국산품에 대한 최종수요 벡터, X는 총산출액 벡터, I는 단위행렬(identity matrix)을 각각 나타낸다.

한편, 생산유발계수표의 각 부문은 재화나 서비스의 생산을 위해 다른 부문으로부터 중간재를 구매하거나 생산한 재화나 서비스를 여타 부문에 중간재의 형태로 판매하는 역할을 하게 된다. 이와 관련하여 후방연쇄효과(backward linkage effect)는 어떤 부문에 대한 최종수요가 한 단위 발생하였을 때 이 부문의 생산활동을 위해 자체 및 여타 부문으로부터의 생산유발의 정도를 나타내는데, 이를 전부문 평균에 대한 상대적 크기로 나타낸 것이 영향력계수(power of influence)이다. 다른 한편으로 전방연쇄효과(forward linkage effect)는 자체 및 여타 부문을 포함한 모든 부문에 대한 최종수요가 한 단위씩 발생했을 때 이들 부문의 생산활동을 위한 특정 부문의 생산유발의 정도를 나타내며, 이를 전부문 평균에 대한 상대적 크기로 나타낸 것이 감응도계수(sensitivity of dispersion)이다.

⬇ 예시

　　<표 Ⅴ-2>는 국산투입계수(A^d형)를 이용하여 도출한 $(I-A^d)^{-1}$형 생산유발계수표이다. 공산품을 예로 들면, 세로(열) 방향의 경우 국산 공산품에 대한 최종수요 한 단위 발생 시 국산 농산품 0.030단위, 국산 공산품 1.557단위, 국산 서비스 0.291단위 등 전부문에서 총 1.878단위의 국산품 생산이 직·간접적으로 유발되었다. 가로(행) 방향은 국산 농산품에 대한 최종수요 한 단위 발생 시 0.452단위, 국산 공산품에 대한 최종수요 한 단위 발생 시 1.557단위, 국산 서비스에 대한 최종수요 한 단위 발생시 0.281단위 등 각 부문에서 국산품에 대한 최종수요가 한 단위씩 증가할 경우 공산품에서 총 2.289단위의 국산품 생산이 직·간접적으로 유발되었음을 알 수 있다. 한편, 영향력계수와 감응도계수는 공산품의 경우 각각 1.050 및 1.279로 전부문 평균에 비해 높게 나타났다. 이와 반대로 농산품은 영향력계수와 감응도계수가 각각 0.999 및 0.627로 전부문 평균보다 낮았다.

<표 Ⅴ-2>　　　　　　　**생산유발계수표: $(I-A^d)^{-1}$형**

	농산품	공산품	서비스	행합계	감응도계수
농산품	1.081	0.030	0.011	1.122	0.627
공산품	0.452	1.557	0.281	2.289	1.279
서비스	0.254	0.291	1.411	1.956	1.093
열합계	1.787	1.878	1.702	5.368	1.000
영향력계수	0.999	1.050	0.952	1.000	—

주: <표 Ⅲ-2>의 국산거래표를 사용하여 계산하였다.
자료: 한국은행 산업연관표(2019년표)

2.2 수입유발계수

⬇ 기본 개념

앞에서 $(I-A^d)^{-1}$형 생산유발계수를 도출하였는데, 어떤 품목의 국내생산물에

대한 최종수요가 발생하면 이를 충족하기 위해서는 국산중간재뿐만 아니라 수입중
간재도 필요로 하게 된다. 수입유발계수는 국산품에 대한 최종수요가 한 단위 발생
하였을 때 각 부문에서 직·간접적으로 유발되는 수입액 단위를 의미한다. 수입거래
표는 $A^m X + Y^m = M$이라는 형태의 수급균형방정식으로 표현될 수 있으며, X 대
신에 $(I - A^d)^{-1} Y^d$를 대입하면 $A^m(I - A^d)^{-1} Y^d + Y^m = M$이라는 관계식으로 바
꿀 수 있다. 이 식에서 $A^m(I - A^d)^{-1}$형의 수입유발계수를 도출할 수 있는데,
$(I - A^d)^{-1}$형 생산유발계수 행렬에 수입투입계수 행렬이 앞에서 곱해진 형태임을
알 수 있다. 여기서 A^d는 국산투입계수 행렬, A^m은 수입투입계수 행렬, Y^d는 국
산품에 대한 최종수요 벡터, Y^m은 수입품에 대한 최종수요 벡터, X는 총산출액
벡터, I는 단위행렬을 각각 나타낸다.

⬇ 예시

<표 Ⅴ-3>은 국산투입계수(A^d형)를 이용하여 도출한 $A^m(I - A^d)^{-1}$형 수
입유발계수표이다. 공산품을 예로 들면, 세로(열) 방향의 경우 국산 공산품에 대한
최종수요 한 단위 발생 시 수입 농산품 0.006단위, 수입 공산품 0.319단위, 수입 서
비스 0.018단위 등 전부문에서 총 0.343단위의 수입액이 직·간접적으로 유발되었
다. 가로(행) 방향은 국산 농산품에 대한 최종수요 한 단위 발생 시 0.116단위, 국산
공산품에 대한 최종수요 한 단위 발생 시 0.319단위, 국산 서비스에 대한 최종수요
한 단위 발생 시 0.101단위 등 각 부문에서 국산품에 대한 최종수요가 한 단위씩

<표 Ⅴ-3> **수입유발계수표:** $A^m(I - A^d)^{-1}$형

	농산품	공산품	서비스	행합계
농산품	0.002	0.006	0.002	0.010
공산품	0.116	0.319	0.101	0.537
서비스	0.009	0.018	0.030	0.057
열합계	0.127	0.343	0.134	0.603

주: <표 Ⅲ-2>, <표 Ⅲ-3>의 국산거래표, 수입거래표를 사용하여 각각 계산하였다.
자료: 한국은행 산업연관표(2019년표)

증가할 경우 공산품에서 총 0.537단위의 수입액이 직·간접적으로 유발되었음을 알 수 있다.

2.3 부가가치유발계수

⬇ 기본 개념

　어떤 부문의 국내생산물에 대한 최종수요가 발생하면 이에 따른 생산이 유발되는 동시에 부가가치도 창출된다. 부가가치유발계수는 국산품에 대한 최종수요가 한 단위 발생하였을 때 각 부문에서 직·간접적으로 창출되는 부가가치 단위를 의미한다. 앞장의 <표 Ⅲ-1>의 총거래표에서 부가가치 벡터를 V, 부가가치율(부가가치/총산출액)의 대각행렬을 $\widehat{A^v}$라고 할 때 $V=\widehat{A^v}X$의 관계가 성립된다. 이 식에서 X 대신에 $(I-A^d)^{-1}Y^d$를 대입하면 $V=\widehat{A^v}(I-A^d)^{-1}Y^d$의 식을 얻게 되는데, 여기서 $\widehat{A^v}(I-A^d)^{-1}$형의 부가가치유발계수를 도출할 수 있다. 이처럼 부가가치계수는 $(I-A^d)^{-1}$형 생산유발계수 행렬에 부가가치율의 대각행렬이 앞에서 곱해진 형태이다.

⬇ 예시

　<표 Ⅴ-4>는 국산투입계수(A^d형)를 이용하여 도출한 $\widehat{A^v}(I-A^d)^{-1}$형 부가가치유발계수표이다. 공산품을 예로 들면, 세로(열) 방향의 경우 국산 공산품에 대한 최종수요 한 단위 발생 시 농산품 0.017단위, 공산품 0.480단위, 서비스 0.160단위 등 전부문에서 총 0.657단위의 부가가치가 직·간접적으로 창출되었다. 가로(행) 방향은 국산 농산품에 대한 최종수요 한 단위 발생 시 0.139단위, 국산 공산품에 대한 최종수요 한 단위 발생 시 0.480단위, 국산 서비스에 대한 최종수요 한 단위 발생 시 0.087단위 등 각 부문에서 국산품에 대한 최종수요가 한 단위씩 증가할 경우 공산품에서 총 0.706단위의 부가가치가 직·간접적으로 창출되었음을 알 수 있다. 한편 부가가치유발계수표와 수입유발계수표에서 각 부문의 열합을 더하면 항상 1이

< 표 Ⅴ-4 >	부가가치유발계수표: $\widehat{A}^v(I-A^d)^{-1}$형			
	농산품	공산품	서비스	행합계
농산품	0.595	0.017	0.006	0.617
공산품	0.139	0.480	0.087	0.706
서비스	0.139	0.160	0.774	1.073
열합계	0.873	0.657	0.866	2.397

주: <표 Ⅲ-1>, <표 Ⅲ-2>의 총거래표, 국산거래표를 사용하여 각각 계산하였다.
자료: 한국은행 산업연관표(2019년표)

된다.[2] 공산품의 경우 부가가치유발계수의 열합은 0.657단위이고, 수입유발계수의 열합은 0.343으로 두 수치를 더하면 1이 됨을 확인할 수 있다.

2.4 취업유발계수

기본 개념

어떤 부문의 국내생산물에 대한 최종수요가 발생하면 이에 따른 생산이 유발되는 동시에 노동에 대한 수요도 생기게 된다. 취업유발계수는 국산품에 대한 최종수요가 한 단위(예: 십억 원) 발생하였을 때 각 부문에서 직·간접적으로 유발되는 취업자수(명)[3]를 의미한다. 앞장의 <표 Ⅲ-4>의 고용표에서 취업자수 벡터를 L, 취업계수(취업자수/총산출액)의 대각행렬을 $\widehat{A}^l$이라고 할 때 $L = \widehat{A}^l X$의 관계가 성립된다. 이 식에서 X 대신에 $(I-A^d)^{-1}Y^d$를 대입하면 $L = \widehat{A}^l(I-A^d)^{-1}Y^d$의 식을 얻게 되는데, 여기서 $\widehat{A}^l(I-A^d)^{-1}$형의 취업유발계수를 도출할 수 있다. 이처럼 취업유발계수는 부가가치유발계수와 유사하게 $(I-A^d)^{-1}$형 생산유발계수 행렬에 취업유발계수의 대각행렬이 앞에서 곱해진 형태이다.

---

2) 이 결과는 국민경제 전체로 볼 때 최종수요 총액에서 수입을 제외한 지출 측면의 국내총생산(GDP)이 분배 측면의 국내총생산인 부가가치 총액과 일치하는 것과 동일한 원리이며, 세부적인 증명은 한국은행(2014)을 참고하기 바란다.

3) 취업자는 임금근로자(피용자), 자영업자 및 무급가족종사자를 모두 포함한다.

⬇️ 예시

    <표 Ⅴ-5>는 국산투입계수(A^d형)를 이용하여 도출한 $\widehat{A^l}(I-A^d)^{-1}$형 취업유발계수표이다. 공산품을 예로 들면, 세로(열) 방향의 경우 국산 공산품에 대한 최종수요 한 단위 발생 시 농산품 부문 0.6명, 공산품 부문 3.4명, 서비스 부문 2.3명 등 전부문에서 총 6.3명의 취업자가 직·간접적으로 유발되었다. 가로(행) 방향은 국산 농산품에 대한 최종수요 한 단위 발생 시 1.0명, 국산 공산품에 대한 최종수요 한 단위 발생 시 3.4명, 국산 서비스에 대한 최종수요 한 단위 발생 시 0.6명 등 각 부문에서 국산품에 대한 최종수요가 한 단위씩 증가할 경우 공산품 부문에서 총 5.0명의 취업자가 직·간접적으로 유발되었음을 알 수 있다. 한편 취업유발계수표의 괄호 내의 수치는 각 부문의 취업계수이다. 예를 들어 국산 공산품에 대한 최종수요 한 단위가 발생할 경우, 공산품 자체부문에서 직접유발된 취업자가 2.2명, 간접유발된 취업자가 1.2명이며, 농산품 부문과 서비스 부문에서 각각 간접유발된 취업자가 0.6명, 2.3명임을 알 수 있다.

< 표 Ⅴ-5 >   **취업유발계수표: $\widehat{A^l}(I-A^d)^{-1}$형**

(단위: 명/십억 원)

	농산품	공산품	서비스	행합계
농산품	22.9(21.2)	0.6	0.2	23.8
공산품	1.0	3.4(2.2)	0.6	5.0
서비스	2.0	2.3	11.2(7.9)	15.5
열합계	25.9	6.3	12.0	44.2

주: 1) <표 Ⅲ-2>, <표 Ⅲ-4>의 국산거래표, 고용표(취업자 기준)를 사용하여 각각 계산하였다.
    2) ( )내는 해당 품목의 취업계수이다.
자료: 한국은행 산업연관표(2019년표)

⬇ 파이썬 실습

In

```
Lf = np.linalg.inv(np.identity(3)-Ad)   # 생산유발계수

Lf_rw_sm = Lf.sum(axis=0)   # 생산유발계수의 행합
Lf_cl_sm = Lf.sum(axis=1)   # 생산유발계수의 열합

Lf_bwd = (Lf.sum(axis=0)/Lf_rw_sm.mean()).astype(float).reshape([1,3])   # 영향력 계수
Lf_fwd = (Lf.sum(axis=1)/Lf_cl_sm.mean()).astype(float).reshape([1,3])   # 감응도 계수

print('생산유발계수 \n', Lf.round(3),'\n')
print('생산유발계수의 행합 \n', Lf_rw_sm.round(3),'\n')
print('생산유발계수의 열합 \n', Lf_cl_sm.round(3),'\n')
print('부문별 영향력계수 \n', Lf_bwd.round(3),'\n')
print('부문별 감응도계수 \n', Lf_fwd.round(3),'\n')
```

Out

```
생산유발계수
 [[1.081 0.03 0.011]
  [0.452 1.557 0.281]
  [0.254 0.291 1.411]]

생산유발계수의 행합
 [1.787 1.878 1.702]

생산유발계수의 열합
 [1.122 2.289 1.956]

부문별 영향력계수
 [[0.999 1.05 0.952]]

부문별 감응도계수
 [[0.627 1.279 1.093]]
```

```
In
```

```
Li = (Ai@Lf).round(3)   # 수입유발계수
print('수입유발계수 ₩n', Li)
```

```
Out
```

수입유발계수
 [[0.002 0.006 0.002]
 [0.116 0.319 0.101]
 [0.009 0.018 0.03]]

```
In
```

```
Va_m = np.diagflat(Av)   # 부가가치율의 대각행렬
Lv = (Va_m@Lf).round(3)   # 부가가치유발계수
print('부가가치유발계수 ₩n', Lv)
```

```
Out
```

부가가치유발계수:
 [[0.595 0.017 0.006]
 [0.139 0.48 0.087]
 [0.139 0.16 0.774]]

In

```
Ei = ((Ep_1[:3,1]/Ct)*10).astype(float).round(3) # 10억 원당 취업자수
Le = (np.diag(Ei)@Lf).round(3)   # 취업유발계수
print('취업계수 \n', Ei, '\n')
print('취업유발계수 \n', Le)
```

Out

취업계수
 [21.167 2.165 7.932]

취업유발계수
 [[22.88 0.638 0.241]
 [0.979 3.37   0.607]
 [2.017 2.31 11.189]]

경제파급효과 분석

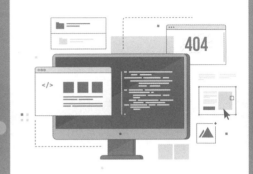

❶ 물가파급효과
❷ 총산출액 변동요인 분해

경제파급효과 분석

산업연관표·파이썬을 활용한 경제구조와 산업연관효과 분석

1 🔄 물가파급효과

📥 기본 개념

앞의 제5장에서는 투입산출표의 가로(행) 방향으로 본 수급균형식을 이용하여 최종수요에 대한 충격이 부문별 생산, 수입, 부가가치, 고용 등 물량 측면에서의 경제파급효과를 분석하였다. 이 장에서는 앞장과 달리 투입산출표의 세로(열) 방향으로 본 소위 가격균형식을 이용하여 가격 측면에서의 경제파급효과를 분석하고자 한다. 국산거래표 및 수입거래표를 세로(열) 방향으로 보면 각 부문의 생산을 위해 필요한 국산중간재 및 수입중간재와 임금 등 본원적 생산요소의 투입을 나타냄과 동시에 비용구조를 나타내기도 한다. 이를 이용하여 임금, 원재료 가격, 환율 등의 변동이 각 부문의 생산물 가격에 미치는 파급효과를 분석할 수 있다. 즉, 투입산출표에서는 어떤 부문의 생산물 한 단위 가격은 단위당 중간투입 비용과 부가가치의 합계로

표현될 수 있으며, 생산물 한 단위 가격은 해당 부문의 투입계수에 중간 투입재들의 가격과 부가가치에 부가가치들의 가격을 곱해서 더한 것과 같게 되어 가격균형식을 만들 수 있다.

이러한 관계를 행렬식으로 나타내면 $p^d = A^{d'}p^d + A^{m'}p^m + \widehat{A}^v p^v$로 나타낼 수 있으며, 이를 다시 $p^d = (I - A^{d'})^{-1}(A^{m'}p^m + \widehat{A}^v p^v)$로 정리할 수 있는데, 이 식을 가격변동률 모형으로 다시 변환하면 $\dot{p}^d = (I - A^{d'})^{-1}(A^{m'}\dot{p}^m + \widehat{A}^v\dot{p}^v)$가 된다.[1] 여기서 p^d는 국산품 가격 벡터, $A^{d'}$는 국산품 투입계수행렬의 전치행렬, $A^{m'}$는 수입품 투입계수행렬의 전치행렬, p^m은 수입품 가격 벡터, $\widehat{A}^v$는 부가가치율의 대각행렬, p^v는 부가가치의 단위가격 벡터, $\dot{p}^d$는 국산품 가격의 변동률 벡터, $\dot{p}^m$은 수입품 가격의 변동률 벡터, $\dot{p}^v$는 부가가치 단위가격의 변동률 벡터를 각각 나타낸다. 이와 같이 $(I - A^{d'})^{-1}$를 구해 놓으면 다양한 가격변동에 대한 물가파급효과를 계산할 수 있게 된다.

먼저 부가가치 항목 중에서 각 부문의 생산물 가격변동에 가장 크게 영향을 미칠 수 있는 임금(피용자보수) 인상의 효과를 살펴보면 다음과 같다. 앞의 가격변동률 모형식에서 수입품 가격은 변동이 없다고 가정($\dot{p}^m = 0$)하면, $\dot{p}^d = (I - A^{d'})^{-1}\widehat{A}^w\dot{p}^w$가 된다. 여기서 $\widehat{A}^w$는 피용자보수(임금)율의 대각행렬, $\dot{p}^w$는 임금 단위가격의 변동률 벡터를 각각 나타낸다. 한편, $\dot{p}^w$는 모든 부문의 임금상승률이 10%라고 가정하면 [10, 10, 10]의 전치행렬 형태가 되며, 공산품 부문의 임금상승률이 10%라고 가정하면 [0, 10, 0]의 전치행렬 형태가 된다.

각 부문에 투입되는 특정 중간 투입재의 가격이 변동될 경우에도 여타 부문에 대한 물가파급효과를 구할 수 있다. 이를 위해서는 가격이 변동되는 특정 부문에 대한 외생화가 전제되어야 한다. 이러한 외생화를 거치면 $\dot{p}^d = (I - A_o^{d'})^{-1}A_s^{d'}\dot{p}_s^d$를 얻게 된다. 여기서 $A_o^{d'}$는 특정 부문을 제외한 여타 부문 국산품 투입계수행렬의 전치행렬, $A_s^{d'}$는 특정 부문의 여타 부문으로의 국산품 투입계수 벡터의 전치행렬, $\dot{p}_s^d$는 특정 부문 생산물의 가격변동률을 나타낸다. 이 식을 이용하면 특정 부문의 가격변동이 여타 부문 생산물의 가격에 미치는 직·간접 파급효과를 구할 수 있다. 만약

---

[1] 가격균형식의 도출 및 가격변동률 모형으로의 변환에 대한 상세한 과정은 한국은행(2014)를 참조하기 바란다.

서비스 부문의 가격이 10% 변동되었다면 서비스 부문을 외생화한 가격균형식을 도출한 후 $\dot{p}_s^{d}$ 대신에 숫자 10을 곱하면 된다. 또한 투입산출표의 가격파급효과 모형을 이용하면 특정 수입상품의 가격변동, 환율변동, 환율과 특정 수입상품 가격의 동시 변동 등이 각 부문의 생산물 가격에 미치는 영향도 파악할 수 있다. 특정 부문에서 수입상품 가격변동의 물가파급효과는 앞의 가격변동률 모형에서 부가가치 가격의 변동이 없다고 가정하면 $\dot{p}^{d} = (I - A^{d\prime})^{-1} A^{m\prime} \dot{p}^{m}$ 라는 가격변동률 모형식을 얻을 수 있는데, 이를 이용하면 어떤 수입상품의 가격변동이 각 부문의 물가에 미치는 직·간접 파급효과를 구할 수 있게 된다. 만일 수입 농산품의 가격이 10% 변동하였을 경우에는 $\dot{p}^{m}$ 대신에 [10, 0, 0]의 전치행렬을 대입하면 된다. 환율변동의 물가파급효과는 모든 부문의 수입상품 가격이 동시에 같이 변동하는 경우와 동일하므로 바로 앞의 가격변동률 모형식을 이용하면 된다. 즉 원화의 대미달러 환율이 10% 상승하였다면 $\dot{p}^{d} = (I - A^{d\prime})^{-1} A^{m\prime} \dot{p}^{m}$ 에서 $\dot{p}^{m}$ 대신에 [10, 10, 10]의 전치행렬을 대입하여 전품목에 대한 물가파급효과를 구할 수 있다. 또한 특정 부문에서 수입상품의 가격과 환율이 동시에 상승할 경우에도 이 식을 사용하여 물가파급효과를 구할 수 있다. 만일 수입 농산품의 가격이 10% 인상되는 동시에 환율도 10% 인상되었다면 $\dot{p}^{d} = (I - A^{d\prime})^{-1} A^{m\prime} \dot{p}^{m}$ 에서 $\dot{p}^{m}$ 대신에 [21, 10, 10]의 전치행렬을 대입하여 각 부문의 물가에 미치는 영향을 구할 수 있다.[2]

⬇ 예시

<표 Ⅵ-1>은 제3장의 거래표들을 이용하여 시나리오별 물가파급효과를 계산한 것이다. 먼저 임금 인상의 물가파급효과를 살펴보면, 모든 부문에서 임금이 10% 오를 경우 서비스 4.4%, 공산품 2.6%, 농산품 2.5%의 직·간접 물가파급효과가 있으며, 공산품 부문에서만 임금이 10% 인상될 경우에는 공산품 1.7%, 농산품 0.5%, 서비스 0.3%의 직·간접 물가파급효과가 있는 것으로 추정되었다. 서비스 부

---

[2] 투입산출표를 이용한 물가파급효과 분석은 다양한 가격변동이 각 산업 생산물 가격에 미치는 직·간접적인 영향을 분석할 수 있다는 점에서 유용성이 있음에도 불구하고 가격변동의 파급시차, 투입구조 변화, 상·하방 물가파급효과의 상이성 등을 반영하지 못한다는 한계가 있다(한국은행, 2014).

<표 VI-1>   **시나리오별 물가파급효과**

(단위: %)

	전부문 10% 임금 인상	공산품 부문 10% 임금 인상	서비스 부문 10% 가격 인상	수입 농산품 10% 가격 인상	대미환율 10% 상승	수입 농산품 및 대미환율 각각 10% 상승
농산품	2.500	0.497	1.803	0.019	1.265	1.286
공산품	2.596	1.711	2.065	0.062	3.433	3.502
서비스	4.438	0.308	–	0.017	1.336	1.354

주: <표 Ⅲ-2>, <표 Ⅲ-3>의 국산거래표, 수입거래표를 사용하여 각각 계산하였다.
자료: 한국은행 산업연관표(2019년표)

문의 가격이 10% 인상되었을 때 이 상품을 중간재로 사용하고 있는 여타 부문의 물가에 미치는 영향은 공산품 2.1%, 농산품 1.8%로 각각 나타난다.

수입 농산품 가격이 10% 인상되면 공산품 0.062%, 농산품 0.019%, 서비스 0.017%의 직·간접 물가파급효과가 있는 것으로 추정되었다. 대미환율이 10% 상승할 경우 각 부문의 물가는 공산품 3.4%, 서비스 1.3%, 농산품 1.3% 오르는 것으로 나타났다. 한편 수입 농산품과 대미환율이 동시에 10% 상승할 경우에는 공산품 3.5%, 서비스 1.4%, 농산품 1.3%의 직·간접 물가파급효과가 있는 것으로 추정되었다.

⬇ 파이썬 실습

`In`

```
# 3부문의 총거래표(부가가치가 항목별로 구분된 총거래표) 불러오기(수입과 국산거래표는 이전과 동일)

url_Tt_3
= "https://raw.githubusercontent.com/IO-2024/IOTs_with_python/main/data/Total_Matrix_3_secs.csv"
Tt_3 = pd.read_csv(url_Tt_3)
```

```
It_3 = pd.read_csv(url_It_3)
At_trans = At.T   # 총투입계수의 전치행렬
Ad_trans = Ad.T   # 국산투입계수의 전치행렬
Ai_trans = Ai.T   # 수입투입계수의 전치행렬

print('총투입계수의 전치행렬 : ₩n', At_trans.round(3) '₩n')
print('국산투입계수의 전치행렬 : ₩n', Ad_trans.round(3) '₩n')
print('수입투입계수의 전치행렬 : ₩n', Ai_trans.round(3) '₩n')

Lf_trans = np.linalg.inv(np.identity(3)-Ad_trans)   # (I-Ad_trans)의 역행렬
print('국산투입계수 전치행렬의 역행렬 : ₩n', Lf_trans.round(3))
```

In

```
Lf = np.linalg.inv(np.identity(3)-Ad)   # 생산유발계수
Va_r = Tt_1[-2,0:3]/Ct   # 부가가치율 벡터
Va_m = np.diag(Va_r)   # 부가가치율의 대각행렬

Lv = Va_m@Lf   # 부가가치유발계수
Li = Ai@Lf   # 수입유발계수

Aw_r = Tt_1[-6,0:3]/Ct   # 피용자보수율
Aw_m = np.diag(Aw_r)   # 피용자보수율의 대각행렬
```

In

```
delta_all_w = np.array([10,10,10]).reshape([3,1])   # 전부문 10% 임금 인상의 물가파급효과
delta_all_Pw = ((Lf_trans@Aw_m)@delta_all_w).round(3)

delta_par_w = np.array([0,10,0]).reshape([3,1])   # 공산품 부문 10% 임금 인상의 물가파급효과
delta_par_Pw = ((Lf_trans@Aw_m)@delta_par_w).round(3)

print('전부문 10% 임금 인상의 물가파급효과 ₩n', delta_all_Pw, '₩n')
print('공산품 부문 10% 임금 인상의 물가파급효과 ₩n', delta_par_Pw, '₩n')
```

Out

총투입계수의 전치행렬
 [[0.067 0.267 0.117]
 [0.021 0.527 0.143]
 [0.004 0.164 0.283]]

국산투입계수의 전치행렬
 [[0.067 0.25   0.117]
 [0.017 0.328 0.136]
 [0.004 0.132 0.263]]

수입투입계수의 전치행렬
 [[0.   0.017 0.   ]
 [0.004 0.199 0.008]
 [0.   0.032 0.02]]

국산투입계수 전치행렬의 역행렬
 [[1.081 0.452 0.254]
 [0.03   1.557 0.291]
 [0.011 0.281 1.411]]

전부문 10% 임금 인상의 물가파급효과
 [[2.5]
 [2.596]
 [4.438]]

공산품 부문 10% 임금 인상의 물가파급효과
 [[0.497]
 [1.711]
 [0.308]]

In

```
# 중간투입되는 서비스의 물가변동의 파급효과 분석
# 서비스(sectors3) 행 삭제
Ad_exd_row = np.delete(Ad_trans,2,0).reshape([2,3])

# 서비스(sectors3) 열 삭제
Ad_exd_serv = np.delete(Ad_exd_row,2,1).reshape([2,2])

Lf_Ad = np.linalg.inv(np.identity(2)-Ad_exd_serv)

# 물가가 변동하는 부문의 국산 투입계수(a31, a32)
A_Pr_sec2
= np.concatenate((Ad_trans[0,2].reshape([1,1]),Ad_trans[1,2].reshape([1,1])),ax-
is=0).reshape([2,1])

# 서비스 부문 10%  가격 인상의 타부문 물가파급효과
delta_serv_Pw = Lf_Ad@A_Pr_sec2*10
print('서비스 부문 10%  가격 인상의 타부문 물가파급효과 ₩n', delta_serv_Pw.round(3))
```

Out

```
서비스 부문 10% 가격 인상의 타부문 물가파급효과
 [[1.803]
 [2.065]]
```

In

```
# 수입농산품 10% 가격 인상의 물가파급효과
Imp_Pw = np.array([10,0,0]).reshape([3,1])
delta_imp_Pw = ((Lf_trans @Ai_trans)@Imp_Pw).reshape([3,1])

print('수입농산품 10% 가격 인상의 물가파급효과 ₩n', delta_imp_Pw).round(3)
```

Out

수입농산품 10% 가격 인상의 물가파급효과
 [[0.019]
 [0.062]
 [0.017]]

In

```
# 대미 환율 10% 상승의 물가파급효과
Ex_rate = np.array([10,10,10]).reshape([3,1])
delta_Ex_rate = ((Lf_trans @Ai_trans)@Ex_rate).reshape([3,1])

print('대미 환율 10% 상승의 물가파급효과 ₩n', delta_Ex_rate).round(3)
```

Out

대미 환율 10% 상승의 물가파급효과
 [[1.265]
 [3.433]
 [1.336]]

In

```
# 수입 농산품 및 대미 환율 각각 10% 상승의 물가파급효과
Ex_arg = np.array([21,10,10]).reshape([3,1])
delta_Ex_arg = ((Lf_trans@Ai_trans)@Ex_arg).reshape([3,1])

print('수입 농산품 및 대미 환율 각각 10% 상승의 물가파급효과 ₩n', delta_Ex_arg.round(3))
```

Out

수입 농산품 및 대미 환율 각각 10% 상승의 물가파급효과
  [[1.286]
  [3.502]
  [1.354]]

2 📲 총산출액 변동요인 분해

⬇ 기본 개념

산업연관표를 이용하면 부문별 투입구조와 부문 간 연관관계의 체계 내에서 서로 다른 두 시점 사이의 부문별 및 전체 총산출액 변동을 소비, 투자 등의 국내최종수요 변동, 수출 변동, 최종재 및 중간재 수입대체효과, 기술구조 변화 등의 요인으로 분해가 가능하다. 한편, 두 시점 간의 총산출액 변동요인 파악을 위해서는 경상가격 기준이 아닌 특정연도(최근년)의 가격을 기준으로 작성된 불변(실질)가격기준 투입산출표가 필요하다. 즉, 동일한 가격으로 두 시점의 투입산출표를 사용함으로써 가격변동요인을 제거한 상태에서 순수한 물량적인 측면에서의 산출액 변동과 이의 변동요인을 분해할 수 있기 때문이다.

산업연관표를 이용한 총산출액 변동요인 분해는 Chenery(1960)가 처음으로 시도한 것으로 알려졌으며 Chenery, Shishido and Watanabe(1962)에 의해 발전되었다. 하지만 앞에서 언급한 두 모형은 모두 수입대체효과를 중간재와 최종재로 분해하지 못한다는 한계가 있다(권태현, 2020). Syrquin(1976)은 국산거래표와 수입거래표를 함께 사용하여 수입대체효과를 최종재 수입대체효과와 중간재 수입대체효과로 분해할 수 있었다. 이 책에서는 오늘날 가장 널리 사용되고 있는 것으로 알려진 Syrquin 모형을 통해 두 시점 간 부문별 및 전체 총산출액의 차이(difference)에 대한

요인분해식을 도출하고자 한다.[3]

산업연관표에서 어떤 부문의 총공급은 총수요와 일치하게 되는데, 총공급은 총산출액(x)과 수입(m)으로 구성되고 총수요는 중간수요(w), 국내최종수요(y^*) 및 수출(y^e)의 합으로 이루어진다. 이를 경제전체의 수급균형식으로 나타내면 $x + m = w + y^* + y^e$이 되며 총산출액에 대한 식으로 정리하면 $x = w + y^* + y^e - m$이 된다. 만일 국산거래표와 수입거래표가 분리되어 있을 경우에는 앞의 식을 $x = A^d x + A^m x + y^* + y^e - m^w - m^f$로 바꿀 수 있게 된다. 여기서 x는 총산출액 벡터, A^d는 국산투입계수 행렬, A^m은 수입투입계수 행렬, y^*는 국내최종수요 벡터, y^e는 수출 벡터, m^w는 중간재수입 벡터, m^f는 최종재수입 벡터를 각각 나타낸다. 위의 식에서 최종재수입 벡터(m^f)를 국내최종수요에 대한 최종재 수입비율의 대각행렬($\widehat{M}$)과 국내최종수요 벡터(m^f)의 곱으로 변환하고 수입 중간투입을 나타내는 $A^m x$와 m^w을 상계하면 $x = A^d x + (I - \widehat{M})y^* + y^e$가 되고, 이를 총산출액에 대해 정리하면 $x = (I - A^d)^{-1}[(I - \widehat{M})y^* + y^e]$가 된다. 여기서 $(I - A^d)^{-1}$를 R^d라고 하면 $x = R^d[(I - \widehat{M})y^* + y^e]$로 재정리할 수 있다.

한편, 기준연도(0기) 대비 비교연도(1기)의 총산출액 증가분 $\triangle x = x_1 - x_0 = R_1^d y_1 - R_0^d y_0$로 나타낼 수 있는데, 이 식에서 비교연도의 국산투입계수 행렬을 사용하거나 기준연도의 국산투입계수 행렬을 사용할 수 있는데, 전자의 경우를 파셰(Paasche) 방식이라고 하고 후자의 경우를 라스파이레스(Laspeyres) 방식이라고 한다. 통상적인 총산출액 변동요인 분석에서는 파셰 방식이 주로 사용되지만 경우에 따라 라스파이레스 방식 또는 각각에 1/2씩 비중을 두는 혼합 방식도 사용된다. 여기서는 파셰 방식과 라스파이레스 방식으로 총산출액 변동요인을 분해하고자 한다. 파셰 방식으로 산출액 변동요인을 분해할 경우에는 앞의 식에서 $y_1 = y_0 + \triangle y$, $R_0^d = R_1^d - \triangle R^d$를 각각 대입하고, 라스파이레스 방식에서는 $y_0 = y_1 - \triangle y$, $R_1^d = R_0^d + \triangle R^d$를 각각 대입하면 된다.

이후 추가적인 수학적 전개[4]를 통해 파셰 방식의 경우에는 $\triangle x = R_1^d (I - \widehat{M_1}) \triangle y^*$

---

3) 이하의 산출액 변동요인 분해식은 한국은행의 「산업연관분석해설」(2014)과 권태현(2020)을 참고하여 작성하였음을 밝혀두며, 보다 상세한 도출과정은 이 책들을 참고하기 바란다.

4) 세부적인 도출과정은 생략하였으며, 파이썬 프로그램 수행 결과를 통해 사후적으로 검증하였다.

$+ R_1^d \triangle y^e + R_1^d (\widehat{M_0} - \widehat{M_1}) y_0^* - R_1^d (\widetilde{A_1^m} - A_0^m) x_0 + R_1^d [\triangle A - (A_1^m - \widetilde{A_1^m})] x_0$로 분해가 된다. 이 식에서 우변의 첫 번째 항은 국내최종수요 변동효과, 두 번째 항은 수출 변동효과, 세 번째 항은 최종재 수입대체효과, 네 번째 항은 중간재 수입대체효과, 다섯 번째 항은 국내의 기술구조 변화효과를 각각 나타낸다.

여기서 $(\widetilde{A_1^m})_{ij} = \dfrac{(A_1^m)_{ij}}{(A_1)_{ij}} \times (A_0)_{ij}$를 나타내며,

$(\widetilde{A_1^m} - A_0^m)_{ij} = \dfrac{(A_1^m)_{ij}}{(A_1)_{ij}} \times (A_0)_{ij} - (A_0^m)_{ij} = [\dfrac{(A_1^m)_{ij}}{(A_1)_{ij}} - \dfrac{(A_0^m)_{ij}}{(A_0)_{ij}}] \times (A_0)_{ij}$인데, 이는 중간재 수입대체 효과가 0기의 중간투입$((A_0)_{ij})$에 전체 중간투입에 대한 수입 중간투입 비율의 변화$(\dfrac{(A_1^m)_{ij}}{(A_1)_{ij}} - \dfrac{(A_0^m)_{ij}}{(A_0)_{ij}})$를 곱하여 얻었음을 알 수 있다.

다음으로 라스파이레스 방식의 경우에는 $\triangle x = R_0^d (I - \widehat{M_0}) \triangle y^* + R_0^d \triangle y^e + R_0^d (\widehat{M_0} - \widehat{M_1}) y_1^* - R_0^d (A_1^m - \widetilde{A_0^m}) x_1 + R_0^d [\triangle A - (\widetilde{A_0^m} - A_0^m)] x_1$으로 분해가 된다. 여기서 $(\widetilde{A_0^m})_{ij} \equiv \dfrac{(A_0^m)_{ij}}{(A_0)_{ij}} \times (A_1)_{ij}$를 나타낸다.

⬇ 예시

<표 Ⅵ-2>는 파셰 방식과 라스파이레스 방식을 각각 사용한 2010년과 2015년 간 총산출액 변동요인별 기여율을 보여준다. 먼저 파셰 방식을 사용하였을 경우 전체적으로는 수출 변동효과(58.5%), 국내최종수요 변동효과(47.0%), 기술구조 변화효과(5.8%)의 순으로 기여율이 높았으며, 최종재 수입대체효과(-5.9%)와 중간재 수입대체효과(-5.4%)는 음(-)의 값을 보여주었다. 부문별로는 농산품 부문과 공산품 부문은 수출 변동효과의 기여율이 각각 268.4%와 91.0%로 가장 컸으며, 서비스 부문은 국내최종수요 변동효과의 기여율이 69.2%로 가장 높았다.

라스파이레스 방식을 사용하였을 경우에도 앞서 파셰 방식의 계산 결과와 유사하다. 전체적으로는 수출 변동효과(59.2%), 국내최종수요 변동효과(47.0%), 기술구조 변화효과(6.7%)의 순으로 기여율이 높았으며, 중간재 수입대체효과(-6.5%)와 최종재 수입대체효과(-6.4%)는 음(-)의 값을 나타냈다. 부문별로는 농산품 부문과 공산품 부문은 수출 변동효과의 기여율이 각각 306.3%와 92.2%로 가장 컸으며, 서비스 부

< 표 VI-2 >   2010년과 2015년 간 총산출액 변동요인별 기여율

(단위: %)

		국내최종수요 변동효과	수출 변동효과	최종재 수입대체효과	중간재 수입대체효과	기술구조 변화효과	합계
농산품	파셰 방식	119.3	268.4	−75.3	−35.9	−176.5	100.0
	라스파이레스 방식	127.9	306.3	−80.9	−44.9	−208.4	100.0
공산품	파셰 방식	21.9	91.0	−7.0	−8.3	2.4	100.0
	라스파이레스 방식	22.4	92.2	−7.5	−10.0	2.9	100.0
서비스	파셰 방식	69.2	27.8	−4.5	−2.6	10.0	100.0
	라스파이레스 방식	68.7	27.8	−5.0	−3.1	11.6	100.0
전부문	파셰 방식	47.0	58.5	−5.9	−5.4	5.8	100.0
	라스파이레스 방식	47.0	59.2	−6.4	−6.5	6.7	100.0

자료: 한국은행 산업연관표(2010년 및 2015년 불변산업연관표)

문은 국내최종수요 변동효과의 기여율이 68.7%로 가장 높게 나타났다.

⬇ 파이썬 실습

2010년 및 2015년 접속불변산업연관표(33부문)를 3부문(농산품, 공산품, 서비스)으로 부문통합하는 과정은 <부록 2>를 참고하기 바란다. 여기서는 3부문 접속불변 산업연관표를 직접 사용하여 파이썬 실습을 진행한다.

In

```
# 2015년 거래표 다운로드

# 총거래표(3부문)
url_total
= "https://raw.githubusercontent.com/Muraka64/IOTs_with_python/main/data/2015_
tot_cst_3secs.csv"
Tot_cst_15 = pd.read_csv(url_total)
```

```
# 수입거래표(3부문)
url_imp
= "https://raw.githubusercontent.com/Muraka64/IOTs_with_python/main/data/2015_
imp_cst_3secs.csv"
Imp_cst_15 = pd.read_csv(url_imp)

# 국산거래표(3부문)
url_dom
= "https://raw.githubusercontent.com/Muraka64/IOTs_with_python/main/data/2015_
dom_cst_3secs.csv"
Dom_cst_15 = pd.read_csv(url_dom)
```

In

```
# 2010년 거래표

# 2010년 불변 가격기준 총거래표(3부문)
url_total
= "https://raw.githubusercontent.com/Muraka64/IOTs_with_python/main/data/2010_
tot_cst_3secs.csv"
Tot_cst_10 = pd.read_csv(url_total)

# 2010년 불변 가격기준 수입거래표(3부문)
url_imp
= "https://raw.githubusercontent.com/Muraka64/IOTs_with_python/main/data/2010_
imp_cst_3secs.csv"
Imp_cst_10 = pd.read_csv(url_imp)

# 2010년 불변 가격기준 국산거래표(3부문)
url_dom
= "https://raw.githubusercontent.com/Muraka64/IOTs_with_python/main/data/2010_
dom_cst_3secs.csv"
Dom_cst_10 = pd.read_csv(url_dom)
```

In

```
S1 = Tot_cst_15.iloc[:,1:].to_numpy().astype(float)
I1 = Imp_cst_15.iloc[:,1:].to_numpy().astype(float)
S0 = Tot_cst_10.iloc[:,1:].to_numpy().astype(float)
I0 = Imp_cst_10.iloc[:,1:].to_numpy().astype(float)
```

In

```
SS0 = S0[0:3,0:3]   # 총거래표의 내생부문
SS1 = S1[0:3,0:3]

II0 = I0[0:3,0:3]   # 수입거래표의 내생부문
II1 = I1[0:3,0:3]

DD0 = SS0 - II0   # 국산거래표의 내생부문
DD1 = SS1 - II1

TM0 = I0[0:3,8]   # 수입거래표의 총수요계(총수입) 벡터
TM1 = I1[0:3,8]

IM0 = I0[0:3,3]   # 수입거래표의 중간수요계(중간재수입) 벡터
IM1 = I1[0:3,3]

IF0 = I0[0:3,7]   # 수입거래표의 최종수요계(최종재수입) 벡터
IF1 = I1[0:3,7]

SFC0 = S0[0:3,4]   # 총거래표의 소비 벡터
SFC1 = S1[0:3,4]

SFI0 = S0[0:3,5]  # 총거래표의 투자 벡터
SFI1 = S1[0:3,5]

SF0 = S0[0:3,7]  # 총거래표의 최종수요계
SF1 = S1[0:3,7]
```

In

```
EX0 = S0[0:3,6] # 총거래표의 수출 벡터
EX1 = S1[0:3,6]

DF0 = SF0 − EX0 # 총거래표의 내수(최종수요계 − 수출) 벡터
DF1 = SF1 − EX1

C0 = S0[−1,0:3].T.reshape([3,1])   # 부문별 총산출액 벡터
C1 = S1[−1,0:3].T.reshape([3,1])

TC0 = C0.sum(axis=0)   # 전부문 총산출액계
TC1 = C1.sum(axis=0)

CT0 = np.tile(C0, reps=[1,3])    # Ct벡터의 반복 행렬(3x3) 생성
CT1 = np.tile(C1, reps=[1,3])

AS0 = SS0/CT0.T # 총투입계수표
AS1 = SS1/CT1.T

AD0 = DD0/CT0.T # 국산투입계수표
AD1 = DD1/CT1.T

II0 = AS0−AD0 # 수입투입계수표
II1 = AS1−AD1

M0 = IF0/DF0 # 최종재수입/내수(소비 + 투자)
M0 = np.diag(M0)
M1 = IF1/DF1
M1 = np.diag(M1)

RD0 = np.linalg.inv(np.eye(3) − AD0) # 생산유발계수
RD1 = np.linalg.inv(np.eye(3) − AD1)
```

In

```
AM0 = II0/AS0  # 조정항목
AM0 = AM0*AS1
AM1 = II1/AS1
AM1 = AM1*AS0

AA = AS1 - AS0   # 투입계수 변화
```

In

```
# 총산출액 변동요인별 기여율(파세 방식)

# 국내최종수요 변동효과
TQS = (RD1@(np.eye(3)-M1))@(DF1-DF0).reshape([3,1])

TTE = RD1@(EX1 - EX0).reshape([3,1]) # 수출 변동효과

T3 = ((RD1@(M1 - M0))@DF0).reshape([3,1]) # 최종재 수입대체효과
T3 = T3*-1
T4 = ((RD1@(AM1 - II0)))@C0[0:3,] # 중간재 수입대체효과
T4 = T4*-1
T34 = T3 + T4
TI = np.concatenate((T34, T3, T4), axis=1)

T5 = (RD1@(AA-(II1-AM1)))@C0 # 기술구조 변화효과

DCT0 = C1-C0  # 총산출액 실질변동액
DCT1 = TQS + TTE + T3 + T4 + T5 # 총산출액 변동요인별 합
DCT = DCT0-DCT1

SUM = np.concatenate((DCT0, DCT1, DCT, TQS, TTE, T3, T4, T5), axis=1)
SUM1 = np.sum(SUM, axis=0).reshape([1,8])
PGD1015_f = (np.concatenate((SUM, SUM1), axis=0))

Ctbr_Pa =  PGD1015_f[:,3:]
```

```
sm_gap_Pa = PGD1015_f[:,1].reshape([4,1])  # 요인별 합계

# 요인별 합계를 4x5으로 반복
sm_gap1_Pa = np.tile(sm_gap_Pa, reps=[1,5])

# 변동요인별 기여율(파세 방식)
Ctrb_f_Pa = ((Ctbr_Pa/sm_gap1_Pa).round(3))*100
print('변동요인별 기여율(파세 방식) ₩n', Ctrb_f_Pa, '₩n')
```

Out

```
변동요인별 기여율(파세 방식)
 [[119.3 268.4 −75.3 −35.9 −176.5]
 [ 21.9  91.   −7.   −8.3    2.4]
 [ 69.2  27.8  −4.5  −2.6   10. ]
 [ 47.   58.5  −5.9  −5.4    5.8]]
```

In

```
# 총산출액 변동요인별 기여율(라스파이레스 방식)

TQS = (RD0@(np.eye(3)−M0))@(DF1−DF0).reshape([3,1])

TTE = RD0@(EX1−EX0).reshape([3,1]) # 수출효과

T3 = ((RD0@(M1 − M0))@DF1).reshape([3,1]) # 최종재수입대체효과
T3 = T3*−1
T4 = ((RD0@(II1 − AM0)))@C1[0:3,] # 중간재수입대체효과
T4 = T4*−1
T34 = T3 + T4
TI = np.concatenate((T34, T3, T4), axis=1)

T5 = (RD0@(AA−(AM0−II0)))@C1 # 기술변화효과

SUM = np.concatenate((DCT0, DCT1, DCT, TQS, TTE, T3, T4, T5), axis=1)
```

```
SUM1 = np.sum(SUM, axis=0).reshape([1,8])
LGD1015_f = (np.concatenate((SUM, SUM1), axis=0))

Ctbr_La = LGD1015_f[:,3:]
sm_gap_La = LGD1015_f[:,1].reshape([4,1])  # 요인별 합계

# 요인별 합계를 4x5으로 반복
sm_gap1_La = np.tile(sm_gap_La, reps=[1,5])

# 변동요인별 기여율(라스파이레스 방식)
Ctrb_f_La = ((Ctbr_La/sm_gap1_La).round(3))*100
print('변동요인별 기여율(라스파이레스 방식) \n', Ctrb_f_La, '\n')
```

Out

```
변동요인별 기여율(라스파이레스 방식)
 [[127.9 306.3 -80.9 -44.9 -208.4]
 [ 22.4  92.2  -7.5 -10.    2.9]
 [ 68.7  27.8  -5.   -3.1   11.6]
 [ 47.   59.2  -6.4  -6.5    6.7]]
```

지역 간 산업연관효과 분석

지역 간 산업연관효과 분석

산업연관표·파이썬을 활용한 경제구조와 산업연관효과 분석

1 🖼 지역 간 산업연관표 개요

⬇ 기본 개념

　　지금까지는 한 나라 경제의 전체적인 경제구조와 산업 간 연관효과 및 각종 경제파급효과를 분석하였다. 이는 기본적으로 어떤 산업 부문의 생산기술구조가 지역에 관계없이 동일하다는 가정을 전제하고 있다. 하지만 현실에서는 동일한 산업 부문이더라도 지역에 따라 생산기술구조의 차이가 생길 수 있다. 예를 들어 자동차 생산 공정에서 A 지역의 자동차 공장에서는 내연기관을 사용하고 B 지역에서는 이차전지를 사용한다면 동일한 산업 부문이라 하더라도 지역에 따라 자동차 산업 부문의 생산기술구조는 상이하게 된다. 또한 도시 지역에서는 공산품과 서비스를 주로 생산하고 농어촌 지역에서는 농수산품을 주로 생산하는 등 지역에 따라 산업구조와 이출입 구조가 다를 수 있다. 다른 한편으로는 우리나라의 경우 지방자치제가 실시되고

있는 가운데 지역균형발전을 위한 다양한 정책들이 추진되고 있어 특정 지역 내 경제 및 산업구조와 지역 간 경제적 연관관계 및 파급효과 등에 대한 분석과 활용이 매우 중요해졌다고 볼 수 있다. 이처럼 지역별로 서로 다른 생산기술구조 및 교역구조, 지역·산업 간 연관관계 등을 체계적으로 분석하기 위해서는 지역산업연관표의 작성이 필수적이라고 할 수 있다.

   일반적으로 지역산업연관표는 특정 지역 내의 경제구조만을 대상으로 하는 지역 내 산업연관표와 전국을 여러 지역으로 세분화하여 이들 지역 간의 경제적 연관관계를 보여주는 지역 간 산업연관표로 나눌 수 있다. 지역 내 산업연관표는 전국 산업연관표와 유사한 구조를 갖고 있어 해당 지역과 해외 부문 간의 수출·입 및 국내 타지역과의 이출·입 관계를 파악할 수 있다. 하지만 지역 내 산업연관표에서는 다른 지역과의 거래관계가 이출과 이입만으로 계상되므로 산업 부문 간의 거래관계를 파악할 수 없는 한계를 갖고 있다. 이와 달리 지역 간 산업연관표는 해당 지역과 타지역 간의 산업 부문 간 거래관계도 포함하고 있어 특정 지역의 상품에 대한 최종수요가 다른 지역의 산업에 미치는 다양한 경제적 파급효과를 분석할 수 있게 된다.

   또한 지역 간 산업연관표는 수입품과 이입품의 처리방식에 따라 각각 경쟁·비경쟁 수입형 산업연관표 및 경쟁·비경쟁 이입형 지역 간 산업연관표로 나누어진다. 비경쟁 수입형 지역 간 산업연관표는 지역별 수입품 투입액을 별도로 구분하여 계상함으로써 수입품별 지역별 투입을 파악할 수 있다. 비경쟁 이입형 지역 간 산업연관표의 경우에는 투입물을 자기지역과 타지역으로 구분하므로 경제파급효과 등의 분석 시 지역 내 유발효과와 타지역 유발효과를 별도로 계산할 수 있다. 우리나라의 경우 비경쟁 이입형·비경쟁 수입형 산업연관표의 형태로 지역 간 산업연관표가 작성되고 있다. 2007년에 수도권(서울, 경기, 인천), 강원권(강원), 충청권(대전, 충남, 충북), 전라권(광주, 전남, 전북, 제주), 경북권(대구, 경북), 경남권(부산, 울산, 경남) 등 6개 권역으로 나누어 2003년 지역 간 산업연관표가 작성·공표되었다. 이후 2005년, 2010년, 2013년, 2015년 지역 간 산업연관표가 광역시·도 기준으로 작성·공표되었다. 가장 최근에 작성된 2015년 지역 간 산업연관표의 경우 서울, 인천, 경기, 대전, 충북, 충남, 전북, 광주, 전남, 대구, 경북, 부산, 울산, 경남, 강원, 제주, 세종 등 17개

광역시·도로 구분하였다.

![예시]

<표 Ⅶ-1>은 우리나라의 2015년 기준 3지역(수도권, 동부권, 서부권),[1] 3부문 (농산품, 공산품, 서비스)으로 구성된 비경쟁 이입형·비경쟁 수입형 지역 간 산업연관 표이다. 지역 간 산업연관표의 세로(열) 방향은 지역별·부문별 생산활동에 대한 투입내역을 나타낸다. 수도권의 공산품 부문 열을 예로 들면, 총 582조 원의 생산을 위해 지역 내인 수도권 자체의 농산품 3조 원, 공산품 112조 원, 서비스 79조 원, 동부권의 농산품 1조 원, 공산품 43조 원, 서비스 4조 원, 서부권의 농산품 2조 원, 공산품 46조 원, 서비스 3조 원, 수입 농산품 3조 원, 수입 공산품 101조 원, 수입 서비스 6조 원이 각각 중간재로 투입되었다. 또한 이러한 생산과정에서 부가가치가 179조 원 창출되었다.

지역 간 산입연관표의 가로(행) 방향은 지역별·부문별 생산물의 배분내역을 보여준다. 수도권 공산품 행을 예로 들면, 수도권에서 생산된 공산품 582억 원은 지역 내인 수도권 자체의 농산품 부문에 2조 원, 공산품 부문에 112조 원, 서비스 부문에 71조 원, 동부권의 농산품 부문에 1조 원, 공산품 부문에 36조 원, 서비스 부문에 14조 원, 서부권의 농산품 부문에 1조 원, 공산품 부문에 37조 원, 서비스 부문에 13조 원이 각각 중간재로 판매되었다. 또한 지역 내인 수도권 자체의 소비 부문에 29조 원, 투자 부문에 21조 원, 수출 부문에 215조 원, 동부권의 소비 부문에 9조 원, 투자 부문에 6조 원, 서부권의 소비 부문에 7조 원, 투자 부문에 8조 원이 최종수요로 각각 판매되었음을 알 수 있다.

---

1) 수도권은 서울, 인천, 경기를, 동부권은 대구, 경북, 부산, 울산, 경남, 강원을, 서부권은 대전, 세종, 충북, 충남, 광주, 전북, 전남, 제주를 각각 포함한다.

< 표 VII-1 > 　　　　비경쟁이입형·비경쟁수입형 지역 간 산업연관표

(단위: 조 원)

		중간수요									최종수요									수입 (공제)	총산출액
		수도권			동부권			서부권			수도권			동부권			서부권				
		농산품	공산품	서비스	농산품	공산품	서비스	농산품	공산품	서비스	소비	투자	수출	소비	투자	수출	소비	투자	수출		
중간투입 · 수도권	농산품	0	3	1	0	0	0	0	1	0	1	0	0	0	0	0	0	0	0	–	6
	공산품	2	112	71	1	36	14	1	37	13	29	21	215	9	6	0	7	8	0	–	582
	서비스	1	79	302	1	27	31	1	28	28	387	164	67	33	13	0	31	11	0	–	1,204
동부권	농산품	0	1	2	1	7	2	0	2	0	3	0	0	3	1	0	1	0	0	–	23
	공산품	0	43	38	4	158	40	1	36	13	20	15	0	19	11	226	7	7	0	–	638
	서비스	0	4	15	2	59	76	0	3	4	11	2	0	194	77	26	5	1	0	–	479
서부권	농산품	0	2	3	0	1	1	1	12	0	3	0	0	1	0	0	2	1	0	–	29
	공산품	0	46	40	1	41	15	6	88	31	15	9	0	7	4	0	15	5	168	–	491
	서비스	0	3	17	0	3	3	2	41	56	15	4	0	5	1	0	146	71	12	–	379
수입투입	농산품	0	3	0	0	2	0	0	3	0	1	0	0	1	0	0	1	0	0	11	–
	공산품	0	101	41	0	130	18	1	99	18	27	29	2	15	12	0	11	13	0	517	–
	서비스	0	6	25	0	6	13	0	4	8	15	5	0	7	1	0	7	1	0	98	–
부가가치		3	179	649	13	168	266	16	137	206											
총투입액		6	582	1,204	23	638	479	29	491	379											

자료: 한국은행 지역 간 산업연관표(2015년표)

⬇ 예시

　　지역별 고용표는 국가수준 산업연관표에서의 고용표와 동일한 기준으로 작성되고 있는데, 취업자수가 부문별은 물론 지역별로도 세분되어 있다. 참고로 2015년 지역별 고용표의 경우에는 취업자수를 기준으로 작성되었다. 취업자수는 임금근로자는 물론 비임금근로자인 자영업자와 무급가족종사자를 모두 포괄한다.

　　<표 VII−2>는 취업자수 기준의 지역별 고용표를 보여준다. 수도권의 취업자수는 농업 14만 명, 제조업 182만 명, 서비스업 1,030만 명 등 총 1,226만 명에 달했다. 동부권의 취업자수는 농업 49만 명, 제조업 144만 명, 서비스업 474만 명 등 총 667만 명이었으며, 서부권의 취업자수는 농업, 제조업, 서비스업이 각각 61만 명, 83

< 표 Ⅶ-2 >   **지역별 고용표**

(단위: 만 명)

	취업자수			
	수도권	동부권	서부권	전지역
농업	14	49	61	123
제조업	182	144	83	410
서비스	1,030	474	375	1,880
전부문	1,226	667	519	2,412

자료: 한국은행 산업연관표(2015년 지역별 고용표)

만 명, 375만 명으로 총 519만 명이었다.

 파이썬 실습

```
In

# 3지역, 3부문의 지역IO 불러오기

# 지역 간 산업연관표(3지역, 3부문) 불러오기
Rgt
= "https://raw.githubusercontent.com/IO-2024/IOTs_with_python/main/data/Regional_
IO_3regions_3sectors.csv"
Rgt_3 = pd.read_csv(Rgt)

# 지역별 고용표(3지역, 3부문) 불러오기
Rgt_empt
= "https://raw.githubusercontent.com/IO-2024/IOTs_with_python/main/data/Regional_
IO_3sector_3rg_emp.csv"
Rgt_emp_3 = pd.read_csv(Rgt_empt)

Rgt_33 = Rgt_3.to_numpy()
Mt = Rgt_33[1:,2:].astype(float)
```

```
Va = Mt[-2,:10].reshape([1,10])  # 지역별, 부문별 부가가치 벡터
Ct = Mt[-1,:10].reshape([1,10])  # 지역별, 부문별 총산출액 벡터

# 지역기준
Sudo = np.vstack((Va[:,:3].sum(),Ct[:,:3].sum()))        # 수도권
Dongbu = np.vstack((Va[:,3:6].sum(),Ct[:,3:6].sum()))   # 동부권
Seobu = np.vstack((Va[:,6:9].sum(),Ct[:,6:9].sum()))    # 서부권

Sm_vact = np.vstack((Va[:,9],Ct[:,9]))
Vact_all = np.hstack((Sudo, Dongbu, Seobu, Sm_vact))

Va_sm = np.hstack((Sudo, Dongbu, Seobu))
Ctva_wgt = (Vact_all/Sm_vact)
Str_rg = np.vstack((Vact_all,Ctva_wgt))
```

2 ▣ 지역 간 산업연관표를 통한 경제구조 분석

2.1 산업구조

 예시

지역 간 산업연관표를 이용하면 총산출액 및 부가가치 기준으로 지역별 산업
비중과 산업별 지역 비중을 각각 파악할 수 있다. 먼저 <표 Ⅶ-3>은 지역별 산업
비중을 보여준다. 총산출액 기준으로는 수도권은 서비스 부문이 67.2%, 동부권과 서
부권은 공산품이 각각 56.0%와 54.6%로 가장 큰 비중을 차지하였다. 부가가치 기준
으로는 수도권은 총산출액 기준과 마찬가지로 서비스 부문이 78.1%로 가장 높았으
나 동부권과 서부권의 경우에는 총산출액 기준과 달리 서비스 부문이 각각 59.5%,
57.4%로 가장 큰 비중을 나타내었다.

< 표 Ⅶ-3 >   지역별 산업 비중

(단위: %)

	총산출액 기준				부가가치 기준			
	농산품	공산품	서비스	전부문	농산품	공산품	서비스	전부문
수도권	0.3	32.5	67.2	100.0	0.4	21.5	78.1	100.0
동부권	2.0	56.0	42.0	100.0	2.9	37.6	59.5	100.0
서부권	3.2	54.6	42.2	100.0	4.5	38.2	57.4	100.0
전지역	1.5	44.7	53.8	100.0	2.0	29.6	68.5	100.0

자료: 한국은행 지역 간 산업연관표(2015년표)

또한 지역별로 총산출액을 이용하여 지역별 산업 입지계수(Locational Quotient, LQ)를 계산하면 국가별 무역 특화도와 유사한 개념의 지역별 산업 특화 현황을 파악할 수 있다. 지역별 산업 입지계수는 어떤 지역의 한 산업이 전국에 비해 상대적으로 특화된 정도를 나타낸다. 예를 들어 i 지역의 j 산입에 내한 입지계수는 $LQ_i^j = (X_i^j / X_i) / (X^j / X)$로 계산되고, 계수 값이 클수록 해당 산업의 특화도가 높다고 할 수 있다. 일반적으로 "1"보다 클 경우 그 지역의 특화 산업으로 분류된다. 여기서, X_i^j는 i 지역의 j 산업 총산출액, X_i는 i 지역의 지역 내 총산출액, X^j는 전국의 j 산업 총산출액, X는 전국의 전산업에 대한 총산출액을 각각 나타낸다. <표 Ⅶ-4>의 지역별 산업 입지계수를 통해 지역별로 특화된 산업의 현황을 살펴보면, 수도권은 서비스 부문(1.248), 동부권은 농산품 부문(1.333)과 공산품 부문(1.253), 서부권은 농산품 부문(2.131), 공산품 부문(1.223)의 입지계수가 1보다 커 이들 부문이 다른 부문에 비해 상대적으로 특화되어 있음을 알 수 있다.

< 표 Ⅶ-4 >   지역별 산업 입지계수

	농산품	공산품	서비스
수도권	0.221	0.727	1.248
동부권	1.333	1.253	0.781
서부권	2.131	1.223	0.783

자료: 한국은행 지역 간 산업연관표(2015년표)

다음으로 <표 Ⅶ-5>는 산업별 지역 비중을 보여준다. 총산출액 기준으로는 농산품 부문은 서부권이 50.0%, 공산품 부문은 동부권이 37.3%, 서비스 부문은 수도권이 58.4%로 가장 큰 비중을 차지하였다. 부가가치 기준으로는 농산품 부문은 서부권이 50.0%, 공산품 부문과 서비스 부문은 수도권이 각각 37.0% 및 57.9%로 가장 큰 비중을 나타내었다.

<표 Ⅶ-5 >   산업별 지역 비중

(단위: %)

	총산출액 기준				부가가치 기준			
	수도권	동부권	서부권	전지역	수도권	동부권	서부권	전지역
농산품	10.3	39.7	50.0	100.0	9.4	40.6	50.0	100.0
공산품	34.0	37.3	28.7	100.0	37.0	34.7	28.3	100.0
서비스	58.4	23.2	18.4	100.0	57.9	23.7	18.4	100.0
전부문	46.8	29.8	23.5	100.0	50.8	27.3	21.9	100.0

자료: 한국은행 지역 간 산업연관표(2015년표)

다른 한편으로 집중계수(Coefficient of Concentration)를 이용하면 산업별로 지역 집중도를 파악할 수 있다. 산업별 집중계수($= \frac{1}{2} \sum^{i}$ | 전산업의 지역별 구성비 − j 산업의 지역별 구성비 |)는 특정한 i 산업의 지역별 집중 정도를 알아보는 데 사용되는 지표이다. 해당 산업의 집중계수가 "1"에 가까울수록 그 산업이 일부 지역에 집중되어 있고, "0"에 가까울수록 지역별로 보다 균등하게 분포되어 있음을 나타낸다. <표 Ⅶ-6>을 통해 산업별 집중계수를 보면 농산품 부문이 0.364로 가장 컸으며, 공산품 부문과 서비스 부문은 각각 0.128, 0.116으로 농산품 부문에 비해서는 작아 이들

<표 Ⅶ-6 >   산업별 집중계수

	계수
농산품	0.364
공산품	0.128
서비스	0.116

자료: 한국은행 지역 간 산업연관표(2015년표)

산업의 지역별 집중도가 상대적으로 낮음을 알 수 있다.

📥 **파이썬 실습**

In

```
# 지역별 산업비중(총산출액 기준)
Sudo_ind_by_ct = (Mt[-1,:3]/Str_rg[1,0]*100) # 수도권
Dongbu_ind_by_ct = (Mt[-1,3:6]/Str_rg[1,1]*100) # 동부권

Seobu_ind_by_ct = (Mt[-1,6:9]/Str_rg[1,2]*100) # 동부권
Tot_ind_by_ct = ((Mt[-1,:3]+Mt[-1,3:6]+Mt[-1,6:9])/Vact_all[1,3]*100)   # 전지역

Wgt_ind_by_region_ct
= np.vstack((Sudo_ind_by_ct,Dongbu_ind_by_ct,Seobu_ind_by_ct, Tot_ind_by_ct))
print('지역별 산업 비중(총산출액 기준) \n',Wgt_ind_by_region_ct.round(1))
```

Out

```
지역별 산업 비중(총산출액 기준)
 [[ 0.3 32.5 67.2]
 [ 2.  56.  42. ]
 [ 3.2 54.6 42.2]
 [ 1.5 44.7 53.8]]
```

In

```
# 지역별 산업비중(부가가치 기준)

Sudo_ind_by_va = (Mt[-2,:3]/Str_rg[0,0]*100) # 수도권
Dongbu_ind_by_va = (Mt[-2,3:6]/Str_rg[0,1]*100) # 동부권
Seobu_ind_by_va = (Mt[-2,6:9]/Str_rg[0,2]*100) # 서부권
```

```
Tot_ind_by_va = ((Mt[-2,:3]+Mt[-2,3:6]+Mt[-2,6:9])/Vact_all[0,3]*100)  # 전지역

Wgt_ind_by_region_va
= np.vstack((Sudo_ind_by_va,Dongbu_ind_by_va,Seobu_ind_by_va,Tot_ind_by_va))
print('지역별 산업 비중(부가가치 기준) ₩n',Wgt_ind_by_region_va.round(1))
```

Out

```
지역별 산업 비중(부가가치 기준)
 [[ 0.4 21.5 78.1]
 [ 2.9 37.6 59.5]
 [ 4.5 38.2 57.4]
 [ 2.  29.6 68.5]]
```

In

```
# 지역별 산업별 입지계수

X_ij = Mt[-1,:9].reshape([1,9])
X = X_ij.sum()

X_sudo =X_ij[-1,:3].sum().reshape([1,1]) # 수도권 총산출액
X_seobu =X_ij[-1,3:6].sum().reshape([1,1]) # 동부권 총산출액
X_dongbu =X_ij[-1,6:9].sum().reshape([1,1]) # 서부권 총산출액

X_agr =X_ij[-1,0]+X_ij[-1,3]+X_ij[-1,6] # 전국 농산품 총산출액
X_manu =X_ij[-1,1]+X_ij[-1,4]+X_ij[-1,7] # 전국 공산품 총산출액
X_serv =X_ij[-1,2]+X_ij[-1,5]+X_ij[-1,8] # 전국 서비스 총산출액

# 지역별 총산출액 합
X_i = np.concatenate((np.tile(X_sudo,3),np.tile(X_seobu,3),np.tile(X_dongbu,3)),axis=1)
```

```
# 전국 농산품, 공산품, 서비스 총산출액
X_j = np.concatenate((X_agr.reshape([1,1]),X_manu.reshape([1,1]),X_serv.reshape([1,1])),axis=1)

X_ij_div_by_Xi = X_ij/X_i
Xj_div_by_X = np.tile(X_j/X,3).reshape(1,9)

LQ = (X_ij_div_by_Xi/Xj_div_by_X).reshape([1,9]).round(3)
LQ_f = np.vstack((LQ[:,:3],LQ[:,3:6],LQ[:,6:9])) # 지역별 산업별 비중
print('지역별 산업 입지계수 ₩n', LQ_f)
```

Out

```
지역별 산업 입지계수
[[0.221 0.727 1.248]
 [1.333 1.253 0.781]
 [2.131 1.223 0.783]]
```

In

```
# 산업별 지역 비중

# 지역별 총산출액 벡터
Arg_ct = np.hstack((Ct[:,0],Ct[:,3],Ct[:,6]))     # 농산품
Manu_ct = np.hstack((Ct[:,1],Ct[:,4],Ct[:,7]))  # 공산품
Serv_ct = np.hstack((Ct[:,2],Ct[:,5],Ct[:,8]))  # 서비스

# 지역별 부가가치 벡터
Arg_va = np.hstack((Va[:,0],Va[:,3],Va[:,6]))     # 농산품
Manu_va = np.hstack((Va[:,1],Va[:,4],Va[:,7]))  # 공산품
Serv_va= np.hstack((Va[:,2],Va[:,5],Va[:,8]))  # 서비스

Arg_ct_sm = np.sum(Arg_ct)
Manu_ct_sm = np.sum(Manu_ct)
Serv_ct_sm = np.sum(Serv_ct)
```

```
Arg_va_sm = np.sum(Arg_va)
Manu_va_sm = np.sum(Manu_va)
Serv_va_sm = np.sum(Serv_va)
```

`In`

```
# 산업별 지역 비중(총산출액 기준)
Arg_ct_wgt = (Arg_ct/Arg_ct_sm)  # 농산품
Manu_ct_wgt = (Manu_ct/Manu_ct_sm)  # 공산품
Serv_ct_wgt = (Serv_ct/Serv_ct_sm)  # 서비스
Ct_by_ind = np.vstack((Arg_ct_wgt, Manu_ct_wgt, Serv_ct_wgt))
print('산업별 지역 비중(총산출액 기준) ₩n',(Ct_by_ind*100).round(1), '₩n')
```

`Out`

```
산업별 지역 비중(총산출액 기준)
 [[10.3  39.7  50. ]
 [34.    37.3  28.7]
 [58.4  23.2  18.4]]
```

`In`

```
# 산업별 지역 비중(부가가치 기준)
Arg_va_wgt = (Arg_va/Arg_va_sm)  # 농산품
Manu_va_wgt = (Manu_va/Manu_va_sm)  # 공산품
Serv_va_wgt = (Serv_va/Serv_va_sm)  # 서비스
Va_by_ind = np.vstack((Arg_va_wgt, Manu_va_wgt, Serv_va_wgt))
print('산업별 지역 비중(부가가치 기준) ₩n', (Va_by_ind*100).round(1))
```

Out

산업별 지역 비중(부가가치 기준)
[[9.4 40.6 50.]
 [37. 34.7 28.3]
 [57.9 23.7 18.4]]

In

```
# 산업별 집중계수

# str_rg는 지역별 총산출액 및 총부가가치의 금액과 비중(수도권, 동부권, 서부권)
Wgt_rg = Str_rg[-1,:3].reshape([1,3])

Arg_concst
= (abs(Wgt_rg[:,0]-Ct_by_ind[0,0])+abs(Wgt_rg[:,1]-Ct_by_ind[0,1])+abs(Wgt_rg[:,2]-Ct_by_ind[0,2]))/2
# 농산품
Manu_concst
= (abs(Wgt_rg[:,0]-Ct_by_ind[1,0])+abs(Wgt_rg[:,1]-Ct_by_ind[1,1])+abs(Wgt_rg[:,2]-Ct_by_ind[1,2]))/2
# 공산품
Serv_concst
= (abs(Wgt_rg[:,0]-Ct_by_ind[2,0])+abs(Wgt_rg[:,1]-Ct_by_ind[2,1])+abs(Wgt_rg[:,2]-Ct_by_ind[2,2]))/2
# 서비스

# 집중계수
All_concst = np.vstack((Arg_concst, Manu_concst, Serv_concst))
print('산업별 집중계수 ₩n', All_concst.round(3))
```

Out

산업별 집중계수
[[0.364]
 [0.128]
 [0.116]]

2.2 지역별 투입구조

📥 예시

　지역별 투입구조는 지역 간 산업연관표를 세로(열) 방향으로 보면 되는데, 지역별로 총산출액(=총투입액)에서 원·부재료 등 중간재 투입과 피용자 보수, 영업잉여 등 부가가치 투입으로 나눌 수 있다. <표 Ⅶ-7>은 지역별 투입구조를 보여준다. 중간투입률(중간투입액/총투입액)은 동부권과 서부권이 각각 60.8%, 60.1%로 전지역 평균(57.3%)보다 높았으며 수도권은 53.6%로 나타났다. 부가가치율(부가가치/총투입액)은 수도권이 46.4%로 가장 높았다. 중간투입을 국산품 투입과 수입품 투입으로 구분해 보면 수도권은 43.8% 및 9.8%, 동부권은 46.0% 및 14.8%, 서부권은 45.3% 및 14.8%로 각각 나타났다. 한편 국산품 투입을 자기지역 생산품 투입과 타지역 생산품 투입으로 다시 나누어 살펴보면, 자기지역 생산품 투입비율은 수도권이 31.9%로 가장 높았으며, 타지역 생산품 투입비율은 서부권이 18.7%로 가장 높게 나타났다.

<표 Ⅶ-7 >　　　　　　　　　　**지역별 투입구조**

(단위: %)

	자기지역 생산품	타지역 생산품	국산품 (A)	수입품(B)	중간투입액 (C=A+B)	부가가치 (D)	총투입액 (C+D)
수도권	31.9	11.9	43.8	9.8	53.6	46.4	100.0
동부권	30.6	15.4	46.0	14.8	60.8	39.2	100.0
서부권	26.6	18.7	45.3	14.8	60.1	39.9	100.0
전지역	30.3	14.5	44.8	12.5	57.3	42.7	100.0

자료: 한국은행 지역 간 산업연관표(2015년표)

⬇ **파이썬 실습**

In

```
Dm_1 = Mt[0:9,0:9].astype(float)
Im_1 = Mt[9:12,0:9].astype(float)

import scipy.linalg as linalg

Mtx_for_int = linalg.block_diag(np.ones((3,3)),np.ones((3,3)),np.ones((3,3)))
Mtx_for_inter = np.where(Mtx_for_int == 1, 0, 1)

Intra_input = Mtx_for_int*Dm_1  # 지역별 자기지역 생산품 투입액
Inter_input = Mtx_for_inter*Dm_1  # 지역별 타지역 생산품 투입액

# 지역별 부문별 자기지역 생산품 투입액계
Intra_rg_sm = Intra_input.sum(axis=0)
# 지역별 부문별 타지역 생산품 투입액계
Inter_rg_sm = Inter_input.sum(axis=0)
# 지역별 부문별 수입중간투입계
Imps_input = Im_1.sum(axis=0)
```

In

```
# 행렬 곱을 이용한 부문 통합을 위해 0과 1로 구성된 임시의 3x33 매트릭스
Code = np.array([[1,1,1,0,0,0,0,0,0],
        [0,0,0,1,1,1,0,0,0],
        [0,0,0,0,0,0,1,1,1]])

Intra_tot = (Intra_rg_sm@Code.T).T  # 지역별 자기지역 생산품 투입액계
Inter_tot = (Inter_rg_sm@Code.T).T  # 지역별 타지역 생산품 투입액계
Imps_tot = (Imps_input@Code.T).T  # 지역별 수입중간투입계

Input_dom = Intra_tot + Inter_tot
```

```
Input_all = Input_dom + Imps_tot

Input_tot = np.vstack((Intra_tot, Inter_tot, Input_dom, Imps_tot, Input_all)).T

Input_nation = Input_tot.sum(axis=0).reshape([1,5])

Input_tem = np.vstack((Input_tot, Input_nation))
Input_fin = np.hstack((Input_tem,Str_rg[0,:].reshape([4,1])))

Ct_rg = Str_rg[1,:]
Ct_rg_m = np.tile(Ct_rg, reps=[6,1]).T

Input_tot_wgt = Input_fin/Ct_rg_m
print('지역별 투입구조 \n', (Input_tot_wgt*100).round(1))
```

Out

```
지역별 투입구조
 [[31.9 11.9 43.8 9.8 53.6 46.4]
 [30.6 15.4 46. 14.8 60.8 39.2]
 [26.6 18.7 45.3 14.8 60.1 39.9]
 [30.3 14.5 44.8 12.5 57.3 42.7]]
```

2.3 지역별 배분구조

📥 **예시**

지역별 배분구조는 각 지역에서 생산된 총산출액(=총수요액)이 자기지역 및 타지역의 중간재, 그리고 소비와 투자를 포함하는 국내 최종수요로 판매되거나 해외수요인 수출로 판매되는 것을 보여준다. <표 Ⅶ-8>은 지역별 배분구조를 나타낸다. 중간재로의 수요 비중은 서부권이 46.2%로 가장 높았으며, 수도권은 중간수요 비중이 44.1%로 타지역에 비해 낮은 가운데 자기지역 중간수요 비중은 31.9%로 가장 높게 나타났다. 국내 최종수요 비중은 수도권이 40.2%로 가장 높았으며, 자기지

< 표 Ⅶ-8 >   지역별 배분구조

(단위: %)

	자기지역	타지역	중간 수요(A)	자기지역	타지역	국내최종 수요(B)	수출(C)	총수요 (A+B+C)
수도권	31.9	12.2	44.1	33.6	6.6	40.2	15.7	100.0
동부권	30.6	14.2	44.8	26.8	6.3	33.1	22.1	100.0
서부권	26.6	19.6	46.2	26.7	7.1	33.8	20.0	100.0
전지역	30.3	14.5	44.8	29.9	6.6	36.6	18.6	100.0

자료: 한국은행 지역 간 산업연관표(2015년표)

역 국내 최종수요 비중도 33.6%로 가장 높게 나타났다. 한편, 총산출액에서 수출이 차지하는 비중은 동부권과 서부권이 각각 22.1% 및 20.0%를 차지하였으며, 수도권은 15.7%로 상대적으로 이들 두 지역에 비해 낮게 나타났다.

⬇ 파이썬 실습

`In`

```python
# 지역별 부문별 자기지역 생산품 중간수요계
Intra_itd_dstr = Intra_input.sum(axis=1)
# 지역별 부문별 타지역 생산품 중간수요계
Inter_itd_dstr = Inter_input.sum(axis=1)
# 자기지역 최종수요 비중(전체산업)
Itd_dstr_sm = Intra_itd_dstr + Inter_itd_dstr

# 지역별 부문별 자기지역 최종수요계
Intra_itd_tot = (Intra_itd_dstr@Code.T)
# 지역별 부문별 타지역 최종수요계
Inter_itd_tot = (Inter_itd_dstr@Code.T)
# 지역별 중간수요계
Itd_dstr_tot = (Itd_dstr_sm@Code.T)
```

```
# 지역별 자기지역 중간수요, 타지역 중간수요, 중간수요계
Int_dstr = np.vstack((Intra_itd_tot, Inter_itd_tot, Itd_dstr_tot)).T
Exp_sudo = Mt[:9,12].sum() # 지역별 총수출액(수도권)
Exp_dongbu = Mt[:9,15].sum() # 지역별 총수출액(동부권)
Exp_seobu = Mt[:9,18].sum() # 지역별 총수출액(서부권)
Exp_tot = np.hstack((Exp_sudo, Exp_dongbu, Exp_seobu))
```

In

```
Mt_for_nonex = np.copy(Mt)
Fd_rg = Mt_for_nonex[:9,10:19] # 지역별 부문별 최종수요 벡터

# 수출을 0으로 만든 최종수요매트릭스 만들기
Fd_rg[:,2] = 0  # 수도권
Fd_rg[:,5] = 0  # 동부권
Fd_rg[:,8] = 0  # 서부권

# 지역별 부문별 자기지역 국내 최종수요계
Intra_fd = (Mtx_for_int*Fd_rg).sum(axis=1)

# 지역별 부문별 타지역 국내 최종수요계
Inter_fd = (Mtx_for_inter*Fd_rg).sum(axis=1)

Tot_fd = Intra_fd + Inter_fd # 최종수요계

Intra_fd_tot = (Intra_fd@Code.T)  # 자기지역 최종종요 비중(전체산업)
Inter_fd_tot = (Inter_fd@Code.T)  # 타지역 최종종요 비중(전체산업)

# 각종 수요항목 나열하기
Fd_dstr = np.vstack((Intra_fd_tot, Inter_fd_tot, Tot_fd_tot)).T
Total_dstr = np.hstack((Int_dstr, Fd_dstr, Exp_tot.reshape([3,1])))
Tot_dstr_ct = Total_dstr[:,2]+Total_dstr[:,5]+Total_dstr[:,6]
Tot_dstr_col_sm = np.hstack((Total_dstr, Tot_dstr_ct.reshape([3,1])))
Tot_dstr_rw_sm = Tot_dstr_col_sm.sum(axis=0)
Tot_dstr = np.vstack((Tot_dstr_col_sm, Tot_dstr_rw_sm))
Sm_col = np.tile(Tot_dstr[:,7].reshape([4,1]), reps=[1,8])

Tot_dstr_ratio = Tot_dstr/Sm_col
print('지역별 배분구조', '\n', (Tot_dstr_ratio*100).round(1))
```

> `Out`
>
> 지역별 배분구조
> [[31.9 12.2 44.1 33.6 6.6 40.2 15.7 100.]
> [30.6 14.2 44.8 26.8 6.3 33.1 22.1 100.]
> [26.6 19.6 46.2 26.7 7.1 33.8 20. 100.]
> [30.3 14.5 44.8 29.9 6.6 36.6 18.6 100.]]

2.4 지역 간 교역구조

`⬇ 예시`

지역 간 교역구조는 특정 지역의 수출을 제외한 총산출액이 자기지역 또는 타 지역의 중간재와 국내 최종수요로 판매되는 가로(행) 방향의 이출 구조와 모든 지역의 자기지역 또는 타지역의 수출을 제외한 총산출액이 특정 지역의 중간재로 투입되는 세로(열) 방향의 이입 구조로 나누어 살펴볼 수 있다. <표 Ⅶ-9>는 지역 간 이출 구조를 보여준다. 수도권의 수출을 제외한 총산출액은 자기지역으로의 이출 비중이 77.7%로 가장 높았으며, 동부권과 서부권으로의 이출 비중은 각각 11.3%, 11.0%였다. 동부권의 경우에는 자기지역, 수도권, 서부권으로의 이출이 각각 73.6%, 17.3%, 9.0%의 순으로 나타났다. 서부권은 자기지역, 수도권, 동부권으로의 이출이

<표 Ⅶ-9> 　　　　　　　　　　　지역 간 이출 구조

(단위: %)

From \ To	수도권	동부권	서부권	전지역
수도권	77.7	11.3	11.0	100.0
동부권	17.3	73.6	9.0	100.0
서부권	21.8	11.5	66.6	100.0

자료: 한국은행 지역 간 산업연관표(2015년표)

각각 66.6%, 21.8%, 11.5%였다.

　　<표 Ⅶ-10>은 지역 간 이입 구조를 보여준다. 수도권은 자기지역으로부터의 이입 비중이 79.0%를 기록하였으며, 동부권과 서부권으로부터의 이입 비중은 각각 10.4%, 10.6%였다. 동부권은 자기지역에서 72.0%, 타지역인 수도권과 서부권에서 각각 18.8%, 9.1% 이입되었다. 서부권은 자기지역, 수도권, 동부권으로부터의 이입이 각각 66.1%, 22.9%, 11.0%로 나타났다.

< 표 Ⅶ-10 >　　　　　　　　　　　지역 간 이입 구조

(단위: %)

To From	수도권	동부권	서부권
수도권	79.0	18.8	22.9
동부권	10.4	72.0	11.0
서부권	10.6	9.1	66.1
전지역	100.0	100.0	100.0

자료: 한국은행 지역 간 산업연관표(2015년표)

In

```
Tra_int = Mt[0:9,0:9] # 지역별 부문별 중간투입(수요)
Tra_fd = Fd_rg  # 지역별 부문별 최종수요
# 지역별 산업별 이출입 매트릭스 9×9
Tot_tra = (Tra_int+Tra_fd).astype(float)

# 행렬 곱을 이용한 부문 통합을 위해 0과 1로 구성된 임시의 6×6 매트릭스
Cd_for_tr = np.array([[1,1,1,0,0,0,0,0,0],
        [0,0,0,1,1,1,0,0,0],
        [0,0,0,0,0,0,1,1,1]])
```

```
# 지역별 매트릭스(자기지역 + 타지역)
Fnl_tra = (Cd_for_tr@Tot_tra)@Cd_for_tr.T
Fnl_tra_rw_sm = Fnl_tra.sum(axis=1).reshape([3,1])
Fnl_tra_rw_mtx = np.hstack((Fnl_tra,Fnl_tra_rw_sm))

Fnl_tra_col_sm = Fnl_tra_rw_mtx.sum(axis=0).reshape([1,4])
```

In

```
# 지역 간 교역 구조

Fnl_tra_ff = np.vstack((Fnl_tra_rw_mtx,Fnl_tra_col_sm))
# 이출구조
Fnl_tra_ratio = Fnl_tra_ff [:3,:]/(np.tile(Fnl_tra_ff[:3,3], reps=[4,1]).T)
# 이입구조
Fnl_inter_ratio = Fnl_tra_ff [:,:3]/(np.tile(Fnl_tra_ff[3,:3], reps=[4,1]))

print('지역 간 이출구조', '\n', (Fnl_tra_ratio*100).round(1))
print('지역 간 이입구조', '\n', (Fnl_inter_ratio*100).round(1))
```

Out

```
지역 간 이출구조
 [[ 77.7 11.3 11. 100.]
  [ 17.3 73.6  9. 100.]
  [ 21.8 11.5 66.6 100.]]
지역 간 이입구조
 [[ 79. 18.8 22.9]
  [ 10.4 72. 11. ]
  [ 10.6 9.1 66.1]
  [100. 100. 100.]]
```

3 🔄 지역 간 산업연관효과 분석

3.1 투입계수

⬇ **기본 개념**

일반적으로 국가 단위 산업연관표의 투입계수는 어떤 국가에서 특정 상품을 한 단위 생산하기 위해 필요한 중간재 및 부가가치의 단위를 나타낸다. 이에 따라 특정 상품 부문의 투입계수는 각각의 중간재 투입액 및 부가가치를 총투입액(총산출액)으로 나누어 산출한다. 지역 간 산업연관표에서의 투입계수도 국가 단위 산업연관표에서의 투입계수와 기본적으로 유사하다. 다만 투입계수가 지역별로 세분화되어 있다는 점에서 차이가 난다.

⬇ **예시**

<표 Ⅶ-11>은 비경쟁 이입형·비경쟁 수입형 산업연관표를 통한 지역 간 투입계수표이다. 지역 간 투입계수표에서의 세로(열) 방향은 각 지역의 상품별로 한 단위(예: 1조 원) 생산을 위해 필요한 각 부문으로부터의 원·부재료 등 국산 중간재 투입, 수입 중간재 투입, 그리고 창출된 부가가치를 보여준다. 예를 들어 수도권의 경우 공산품 한 단위 생산을 위해 수도권 자체로부터의 농산품 0.005단위, 공산품 0.192단위, 서비스 0.136단위, 동부권으로부터의 농산품 0.002단위, 공산품 0.074단위, 서비스 0.007단위, 서부권으로부터의 농산품 0.003단위, 공산품 0.079단위, 서비스 0.005단위 등 총 0.692단위의 국산 중간재 투입이 필요하다. 추가적으로 해외로부터의 농산품 0.005단위, 공산품 0.174단위, 서비스 0.010단위 등 총 0.189단위의 수입 중간재 투입을 필요로 한다. 또한 이러한 생산과정에서 0.308단위의 부가가치가 수도권에서 창출되었음을 알 수 있다.

< 표 Ⅶ-11 >   지역 간 투입계수표

			수도권			동부권			서부권		
			농산품	공산품	서비스	농산품	공산품	서비스	농산품	공산품	서비스
국산 투입	수도권	농산품	0.000	0.005	0.001	0.000	0.000	0.000	0.000	0.002	0.000
		공산품	0.333	0.192	0.059	0.043	0.056	0.029	0.034	0.075	0.034
		서비스	0.167	0.136	0.251	0.043	0.042	0.065	0.034	0.057	0.074
	동부권	농산품	0.000	0.002	0.002	0.043	0.011	0.004	0.000	0.004	0.000
		공산품	0.000	0.074	0.032	0.174	0.248	0.084	0.034	0.073	0.034
		서비스	0.000	0.007	0.012	0.087	0.092	0.159	0.000	0.006	0.011
	서부권	농산품	0.000	0.003	0.002	0.000	0.002	0.002	0.034	0.024	0.005
		공산품	0.000	0.079	0.033	0.043	0.064	0.031	0.207	0.179	0.082
		서비스	0.000	0.005	0.014	0.000	0.005	0.006	0.069	0.084	0.148
	국산중간투입계		0.500	0.692	0.461	0.435	0.737	0.445	0.448	0.721	0.456
수입 투입	농산품		0.000	0.005	0.000	0.000	0.003	0.000	0.000	0.006	0.000
	공산품		0.000	0.174	0.034	0.000	0.204	0.038	0.034	0.202	0.047
	서비스		0.000	0.010	0.021	0.000	0.009	0.027	0.000	0.008	0.021
	수입투입계		0.000	0.189	0.055	0.000	0.216	0.065	0.034	0.216	0.069
부가가치계			0.500	0.308	0.539	0.565	0.263	0.555	0.552	0.279	0.544
총투입계			1.000	1.000	1.000	1.000	1.000	1.000	1.000	1.000	1.000

자료: 한국은행 지역 간 산업연관표(2015년표)

3.2 생산유발계수

🔽 기본 개념

지역 간 생산유발계수는 어떤 지역의 특정 재화나 서비스에 대한 최종수요가한 단위 발생하였을 때 지역별·부문별로 직·간접적으로 유발되는 생산액 단위를나타낸다. 즉, 비경쟁 이입형·비경쟁 수입형 산업연관표의 투입계수표를 이용한 지역 간 국산투입계수(A^d형)를 통해 $(I - A^d)^{-1}$형 생산유발계수표를 도출할 수 있다.여기서 A^d는 지역 간 국산투입계수 행렬을 나타낸다. 또한 I는 지역별 블록 단위행렬(block identity matrix)로 3지역(수도권(c), 동부권(e), 서부권(w)) 3부문(농산품(a), 공산품(m), 서비스(s))을 가정할 경우에는 [I_c, 0, 0; 0, I_e, 0; 0, 0, I_w]의 9×9 행렬이 되며, 지역별 단위행렬(I_c, I_e, I_w)은 각각 [1, 0, 0; 0, 1, 0; 0, 0, 1]의 3×3 행렬이 된다.

⬇ 예시

<표 Ⅶ−12>는 국산투입계수(A^d형)를 이용하여 도출한 $(I-A^d)^{-1}$형 지역 간 생산유발계수표이다. 예를 들어 수도권 공산품 부문의 경우 세로(열) 방향은 수도권의 국산 공산품에 대한 최종수요가 한 단위 발생할 경우에 수도권에서 농산품 0.007단위, 공산품 1.289단위, 서비스 0.262단위, 동부권에서 농산품 0.005단위, 공산품 0.159단위, 서비스 0.034단위, 서부권에서 농산품 0.010단위, 공산품 0.154단위, 서비스 0.029단위 등 총 1.951단위의 국산품 생산이 직·간접적으로 유발되었음을 나타낸다. 가로(행) 방향은 모든 지역에서 각 품목에 대한 최종수요가 한 단위씩

<표 Ⅶ-12 > 　　　　　**지역 간 생산유발계수표: $(I-A^d)^{-1}$형**

		수도권			동부권			서부권			행합계
		농산품	공산품	서비스	농산품	공산품	서비스	농산품	공산품	서비스	
수도권	농산품	1.003	0.007	0.002	0.001	0.001	0.001	0.001	0.004	0.001	1.020
	공산품	0.449	1.289	0.117	0.101	0.127	0.073	0.093	0.151	0.083	2.485
	서비스	0.316	0.262	1.374	0.117	0.129	0.135	0.106	0.152	0.152	2.745
동부권	농산품	0.002	0.005	0.004	1.050	0.018	0.008	0.003	0.008	0.002	1.100
	공산품	0.067	0.159	0.083	0.284	1.384	0.157	0.098	0.159	0.087	2.479
	서비스	0.017	0.034	0.032	0.143	0.158	1.210	0.017	0.033	0.029	1.672
서부권	농산품	0.004	0.010	0.006	0.004	0.007	0.005	1.045	0.034	0.011	1.127
	공산품	0.065	0.154	0.080	0.100	0.137	0.075	0.297	1.275	0.144	2.326
	서비스	0.015	0.029	0.032	0.015	0.026	0.020	0.117	0.132	1.192	1.579
열합계		1.939	1.951	1.731	1.816	1.987	1.685	1.777	1.947	1.701	16.533

자료: 한국은행 지역 간 산업연관표(2015년표)

발생할 경우에 수도권 공산품 부문에서 수도권의 농산품 한 단위 생산을 위해 0.449단위, 공산품 한 단위 생산을 위해 1.289단위, 서비스 한 단위 생산을 위해 0.117단위, 동부권의 농산품 한 단위 생산을 위해 0.101단위, 공산품 한 단위 생산을 위해 0.127단위, 서비스 한 단위 생산을 위해 0.073단위, 서부권의 농산품 한 단위 생산을 위해 0.093단위, 공산품 한 단위 생산을 위해 0.151단위, 서비스 한 단위 생산을 위해 0.083단위 등 총 2.485단위의 국산품 생산이 직·간접적으로 유발되었음을 알 수 있다.

3.3 수입유발계수

기본 개념

지역 간 수입유발계수는 지역 간 생산유발계수와 유사하게 어떤 지역의 특정 재화나 서비스에 대한 최종수요가 한 단위 발생하였을 때 지역별·부문별로 직·간접적으로 유발되는 수입액 단위를 나타낸다. 지역 간 수입유발계수는 $(I - A^d)^{-1}$형 생산유발계수 행렬에 수입투입계수 행렬이 앞에서 곱해진 $A^m(I - A^d)^{-1}$형으로 도출될 수 있다. 여기서 A^m은 지역별 수입투입계수 행렬로 지역별 블록 행렬(block matrix)로 3지역(수도권(c), 동부권(e), 서부권(w)) 3부문(농산품(a), 공산품(m), 서비스(s))을 가정한다면 $[A^m_{cc}, 0, 0; 0, A^m_{ee}, 0; 0, 0, A^m_{ww}]$의 9×9 행렬이 되며, 지역별 행렬($A^m_{cc}$, A^m_{ee}, A^m_{ww})은 각각 3×3 형태의 수입투입계수행렬이 된다.

예시

<표 Ⅶ-13>은 국산투입계수(A^d형)를 이용하여 도출한 $A^m(I - A^d)^{-1}$형 지역 간 수입유발계수표이다. 예를 들어 수도권 공산품 부문의 경우 세로(열) 방향은 수도권의 국산 공산품에 대한 최종수요가 한 단위 발생할 경우에 수도권에서 농산품 0.007단위, 공산품 0.233단위, 서비스 0.019단위, 동부권에서 공산품 0.034단위, 서비스 0.002단위, 서부권에서 농산품 0.001단위, 공산품 0.033단위, 서비스 0.002단위

< 표 VII-13 >　　　　　지역 간 수입유발계수표: $A^m(I-A^d)^{-1}$형

		수도권			동부권			서부권			행합계
		농산품	공산품	서비스	농산품	공산품	서비스	농산품	공산품	서비스	
수도권	농산품	0.002	0.007	0.001	0.001	0.001	0.000	0.000	0.001	0.000	0.013
	공산품	0.089	0.233	0.067	0.021	0.027	0.017	0.020	0.031	0.020	0.525
	서비스	0.011	0.019	0.030	0.003	0.004	0.004	0.003	0.005	0.004	0.083
동부권	농산품	0.000	0.000	0.000	0.001	0.004	0.000	0.000	0.000	0.000	0.008
	공산품	0.014	0.034	0.018	0.063	0.288	0.078	0.021	0.034	0.019	0.568
	서비스	0.001	0.002	0.002	0.007	0.017	0.034	0.001	0.002	0.002	0.069
서부권	농산품	0.000	0.001	0.000	0.001	0.001	0.000	0.002	0.008	0.001	0.014
	공산품	0.014	0.033	0.018	0.021	0.029	0.016	0.101	0.265	0.086	0.583
	서비스	0.001	0.002	0.001	0.001	0.002	0.001	0.005	0.013	0.026	0.052
열합계		0.133	0.330	0.137	0.119	0.372	0.151	0.154	0.359	0.158	1.914

자료: 한국은행 지역 간 산업연관표(2015년표)

등 총 0.330단위의 수입이 직·간접적으로 유발되었다. 가로(행) 방향은 모든 지역에서 각 품목에 대한 최종수요가 한 단위씩 발생할 경우에 수도권 공산품 부문에서 수도권의 농산품 한 단위 생산을 위해 0.089단위, 공산품 한 단위 생산을 위해 0.233단위, 서비스 한 단위 생산을 위해 0.067단위, 동부권의 농산품 한 단위 생산을 위해 0.021단위, 공산품 한 단위 생산을 위해 0.027단위, 서비스 한 단위 생산을 위해 0.017단위, 서부권의 농산품 한 단위 생산을 위해 0.020단위, 공산품 한 단위 생산을 위해 0.031단위, 서비스 한 단위 생산을 위해 0.020단위 등 총 0.525단위의 수입이 직·간접적으로 유발되었음을 알 수 있다.

3.4 부가가치유발계수

⬇ 기본 개념

지역 간 부가가치유발계수는 어떤 지역의 특정 재화나 서비스에 대한 최종수요가 한 단위 발생하였을 때 지역별·부문별로 직·간접적으로 창출되는 유발되는 부가가치 단위를 나타낸다. 지역 간 부가가치유발계수는 $\widehat{A^v}(I-A^d)^{-1}$형으로 앞의 $(I-A^d)^{-1}$형 생산유발계수 행렬에 부가가치율 대각행렬이 앞에서 곱해진 형태이다. 여기서 $\widehat{A^v}$는 지역별 부가가치율의 블록 대각행렬(block diagonal matrix)로 3지역(수도권(c), 동부권(e), 서부권(w)) 3부문(농산품(a), 공산품(m), 서비스(s))을 가정한다면 $[\widehat{A^v_{cc}}, 0, 0; 0, \widehat{A^v_{ee}}, 0; 0, 0, \widehat{A^v_{ww}}]$의 9×9 행렬이 되며, 지역별 행렬($\widehat{A^v_{cc}}$, $\widehat{A^v_{ee}}$, $\widehat{A^v_{ww}}$)은 각각 3×3 형태의 지역별 부가가치율의 대각행렬이 된다.

⬇ 예시

<표 Ⅶ-14>는 국산투입계수(A^d형)를 이용하여 도출한 $\widehat{A^v}(I-A^d)^{-1}$형 지역 간 부가가치유발계수표이다. 예를 들어 수도권 공산품 부문의 경우 세로(열) 방향은 수도권의 국산 공산품에 대한 최종수요가 한 단위 발생할 경우에 수도권에서 농산품 부문 0.004단위, 공산품 부문 0.396단위, 서비스 부문 0.141단위, 동부권에서 농산품 부문 0.003단위, 공산품 부문 0.042단위, 서비스 부문 0.019단위, 서부권에서 농산품 부문 0.005단위, 공산품 부문 0.043단위, 서비스 부문 0.016단위 등 총 0.670단위의 부가가치가 직·간접적으로 창출되었다. 가로(행) 방향은 모든 지역에서 각 품목에 대한 최종수요가 한 단위씩 발생할 경우에 수도권 공산품 부문에서 수도권의 농산품 한 단위 생산을 위해 0.138단위, 공산품 한 단위 생산을 위해 0.396단위, 서비스 한 단위 생산을 위해 0.036단위, 동부권의 농산품 한 단위 생산을 위해 0.031단위, 공산품 한 단위 생산을 위해 0.039단위, 서비스 한 단위 생산을 위해 0.023단위, 서부권의 농산품 한 단위 생산을 위해 0.029단위, 공산품 한 단위 생산을 위해 0.047단위, 서비스 한 단위 생산을 위해 0.026단위 등 총 0.764단위의 부가가치가 직·간

< 표 Ⅶ-14 > 지역 간 부가가치유발계수표: $\widehat{A^v}(I-A^d)^{-1}$형

		수도권			동부권			서부권			행합계
		농산품	공산품	서비스	농산품	공산품	서비스	농산품	공산품	서비스	
수도권	농산품	0.501	0.004	0.001	0.000	0.001	0.000	0.001	0.002	0.000	0.510
	공산품	0.138	0.396	0.036	0.031	0.039	0.023	0.029	0.047	0.026	0.764
	서비스	0.171	0.141	0.740	0.063	0.070	0.073	0.057	0.082	0.082	1.480
동부권	농산품	0.001	0.003	0.002	0.594	0.010	0.004	0.002	0.004	0.001	0.622
	공산품	0.018	0.042	0.022	0.075	0.364	0.041	0.026	0.042	0.023	0.653
	서비스	0.009	0.019	0.018	0.080	0.088	0.672	0.009	0.018	0.016	0.929
서부권	농산품	0.002	0.005	0.004	0.002	0.004	0.003	0.576	0.019	0.006	0.622
	공산품	0.018	0.043	0.022	0.028	0.038	0.021	0.083	0.356	0.040	0.649
	서비스	0.008	0.016	0.018	0.008	0.014	0.011	0.063	0.072	0.648	0.858
열합계		0.867	0.670	0.863	0.881	0.628	0.849	0.846	0.641	0.842	7.086

자료: 한국은행 지역 간 산업연관표(2015년표)

접적으로 창출되었음을 알 수 있다.

3.5 취업유발계수

[아이콘] 기본 개념

지역 간 취업유발계수는 어떤 지역의 특정 재화나 서비스에 대한 최종수요가 한 단위 발생하였을 때 지역별·부문별로 직·간접적으로 유발되는 취업자수를 나타낸다. 지역 간 취업유발계수는 앞서 살펴본 지역 간 부가가치유발계수와 유사한 $\widehat{A^l}(I-A^d)^{-1}$형으로 앞의 $(I-A^d)^{-1}$형 생산유발계수 행렬에 취업계수(취업자수/총산출액) 대각행렬이 앞에서 곱해진 형태이다. 여기서 $\widehat{A^l}$은 지역별 취업계수 블록 대각행렬(block diagonal matrix)로 3지역(수도권(c), 동부권(e), 서부권(w)) 3부문(농산품(a), 공산품(m), 서비스(s))을 가정한다면 $[\widehat{A^l_{cc}}, 0, 0; 0, \widehat{A^l_{ee}}, 0; 0, 0, \widehat{A^l_{ww}}]$의 9×9 행렬이 되며, 지역별 행렬($\widehat{A^l_{cc}}$, $\widehat{A^l_{ee}}$, $\widehat{A^l_{ww}}$)은 각각 3×3 형태의 지역별 취업계수의 대각행렬이 된다.

📥 **예시**

<표 Ⅶ-15>는 국산투입계수(A^d형)를 이용하여 도출한 $\widehat{A^l}(I-A^d)^{-1}$형 지역 간 취업유발계수표이다. 예를 들어 수도권 공산품 부문의 경우 세로(열) 방향은 수도권의 국산 공산품에 대한 최종수요가 한 단위(십억 원) 발생할 경우에 수도권에서 농산품 부문 0.2명, 공산품 부문 4.0명, 서비스 부문 2.2명, 동부권에서 농산품 부문 0.1명, 공산품 부문 0.4명, 서비스 부문 0.3명, 서부권에서 농산품 부문 0.2명, 공산품 부문 0.3명, 서비스 부문 0.3명 등 총 8.0명의 취업자가 직·간접적으로 유발되었다. 가로(행) 방향은 모든 지역에서 각 품목에 대한 최종수요가 한 단위씩 발생할 경우에 수도권 공산품 부문에서 수도권의 농산품 한 단위 생산을 위해 1.4명, 공산품 한 단위 생산을 위해 4.0명, 서비스 한 단위 생산을 위해 0.4명, 동부권의 농산

< 표 Ⅶ-15 > **지역 간 취업유발계수표: $\widehat{A^l}(I-A^d)^{-1}$형**

(단위: 명/십억 원)

		수도권			동부권			서부권			행합계
		농산품	공산품	서비스	농산품	공산품	서비스	농산품	공산품	서비스	
수도권	농산품	22.7	0.2	0.0	0.0	0.0	0.0	0.0	0.1	0.0	23.0
	공산품	1.4	4.0	0.4	0.3	0.4	0.2	0.3	0.5	0.3	7.8
	서비스	2.7	2.2	11.8	1.0	1.1	1.2	0.9	1.3	1.3	23.5
동부권	농산품	0.1	0.1	0.1	22.2	0.4	0.2	0.1	0.2	0.0	23.2
	공산품	0.2	0.4	0.2	0.6	3.1	0.4	0.2	0.4	0.2	5.6
	서비스	0.2	0.3	0.3	1.4	1.6	12.0	0.2	0.3	0.3	16.6
서부권	농산품	0.1	0.2	0.1	0.1	0.1	0.1	21.8	0.7	0.2	23.6
	공산품	0.1	0.3	0.1	0.2	0.2	0.1	0.5	2.2	0.2	4.0
	서비스	0.1	0.3	0.3	0.2	0.3	0.2	1.2	1.3	11.8	15.6
열합계		27.5	8.0	13.3	26.0	7.2	14.4	25.2	6.9	14.4	142.8

자료: 한국은행 지역 간 산업연관표(2015년표)

품 한 단위 생산을 위해 0.3명, 공산품 한 단위 생산을 위해 0.4명, 서비스 한 단위 생산을 위해 0.2명, 서부권의 농산품 한 단위 생산을 위해 0.3명, 공산품 한 단위 생산을 위해 0.5명, 서비스 한 단위 생산을 위해 0.3명 등 총 7.8명의 취업자가 직·간접적으로 유발되었음을 알 수 있다.

⬇ 파이썬 실습

In

```
# 투입계수

Dm_1 = Mt[0:9,0:9].astype(float)
Im_1 = Mt[9:12,0:9].astype(float)

Ct = Mt[-1,:9]  # 총산출액 벡터
Ct_m = np.tile(Ct, reps=[9,1]) # 총산출액을 9번 행반복

Ad = (Dm_1/np.tile(Ct, reps=[9,1]))  # 국산투입계수
Ai = (Im_1/np.tile(Ct, reps=[3,1]))  # 수입투입계수
Va_ratio = Va[:,:9]/Ct  # 부가가치계수

print('국산투입계수 ₩n',Ad.round(3))
print('수입투입계수 ₩n',Ai.round(3))
print('부가가치율 ₩n', Va_ratio)
```

Out

국산투입계수

```
[[0.    0.005 0.001 0.    0.    0.    0.    0.002 0.   ]
 [0.333 0.192 0.059 0.043 0.056 0.029 0.034 0.075 0.034]
 [0.167 0.136 0.251 0.043 0.042 0.065 0.034 0.057 0.074]
 [0.    0.002 0.002 0.043 0.011 0.004 0.    0.004 0.   ]
 [0.    0.074 0.032 0.174 0.248 0.084 0.034 0.073 0.034]
 [0.    0.007 0.012 0.087 0.092 0.159 0.    0.006 0.011]
 [0.    0.003 0.002 0.    0.002 0.002 0.034 0.024 0.005]
 [0.    0.079 0.033 0.043 0.064 0.031 0.207 0.179 0.082]
 [0.    0.005 0.014 0.    0.005 0.006 0.069 0.084 0.148]]
```

수입투입계수

```
[[0.    0.005 0.    0.    0.003 0.    0.    0.006 0.   ]
 [0.    0.174 0.034 0.    0.204 0.038 0.034 0.202 0.047]
 [0.    0.01  0.021 0.    0.009 0.027 0.    0.008 0.021]]
```

부가가치율

```
[[0.5 0.308 0.539 0.565 0.263 0.555 0.552 0.279 0.544]]
```

In

```python
# 생산유발계수(Lf)

Lf = np.linalg.inv(np.identity(9)-Ad)    # 생산유발계수
# 생산유발계수의 열합
Lf_sm_cl = np.hstack((Lf, Lf.sum(axis=1).reshape([9,1])))
# 생산유발계수의 행합
Lf_sm_rw = np.vstack((Lf_sm_cl,Lf_sm_cl.sum(axis=0)))
```

Out

생산유발계수

```
[[1.003  0.007  0.002  0.001  0.001  0.001  0.001  0.004  0.001   1.02 ]
 [0.449  1.289  0.117  0.101  0.127  0.073  0.093  0.151  0.083   2.485]
 [0.316  0.262  1.374  0.117  0.129  0.135  0.106  0.152  0.152   2.745]
 [0.002  0.005  0.004  1.05   0.018  0.008  0.003  0.008  0.002   1.1  ]
 [0.067  0.159  0.083  0.284  1.384  0.157  0.098  0.159  0.087   2.479]
 [0.017  0.034  0.032  0.143  0.158  1.21   0.017  0.033  0.029   1.672]
 [0.004  0.01   0.006  0.004  0.007  0.005  1.045  0.034  0.011   1.127]
 [0.065  0.154  0.08   0.1    0.137  0.075  0.297  1.275  0.144   2.326]
 [0.015  0.029  0.032  0.015  0.026  0.02   0.117  0.132  1.192   1.579]
 [1.939  1.951  1.731  1.816  1.987  1.685  1.777  1.947  1.701  16.533]]
```

In

```python
# 수입유발계수(Li)

# 지역별 수입거래표의 대각행렬
Dig_imp = linalg.block_diag(Mt[9:12,0:3],Mt[9:12,3:6],Mt[9:12,6:9])

Ai_m = Dig_imp/Ct_m
Li = Ai_m@Lf   # 수입유발계수
# 수입유발계수의 열합
Li_sm_cl = np.hstack((Li, Li.sum(axis=1).reshape([9,1])))
# 수입유발계수의 행합
Li_sm_rw = np.vstack((Li_sm_cl,Li_sm_cl.sum(axis=0)))

print('수입유발계수', '\n', Li_sm_rw.round(3))
```

Out

수입유발계수

```
[[0.002  0.007  0.001  0.001  0.001  0.     0.     0.001  0.     0.013]
 [0.089  0.233  0.067  0.021  0.027  0.017  0.02   0.031  0.02   0.525]
 [0.011  0.019  0.03   0.003  0.004  0.004  0.003  0.005  0.004  0.083]
 [0.     0.     0.     0.001  0.004  0.     0.     0.     0.     0.008]
 [0.014  0.034  0.018  0.063  0.288  0.078  0.021  0.034  0.019  0.568]
 [0.001  0.002  0.002  0.007  0.017  0.034  0.001  0.002  0.002  0.069]
 [0.     0.001  0.     0.001  0.001  0.     0.002  0.008  0.001  0.014]
 [0.014  0.033  0.018  0.021  0.029  0.016  0.101  0.265  0.086  0.583]
 [0.001  0.002  0.001  0.001  0.002  0.001  0.005  0.013  0.026  0.052]
 [0.133  0.33   0.137  0.119  0.372  0.151  0.154  0.359  0.158  1.914]]
```

In

```python
# 부가가치유발계수(Lv)

Va_r_m = Mt[-2,:9]/Ct # 지역별 부문별 부가가치계수
Va_m = np.diag(Va_r_m)  # 지역별 부문별 부가가치율의 대각행렬

Lv = Va_m@Lf  # 부가가치유발계수
# 부가가치유발계수의 열합
Lv_sm_cl = np.hstack((Lv, Lv.sum(axis=1).reshape([9,1])))
# 부가가치유발계수의 행합
Lv_sm_rw = np.vstack((Lv_sm_cl,Lv_sm_cl.sum(axis=0)))

print('부가가치유발계수', '\n', Lv_sm_rw.round(3))
```

Out

부가가치유발계수

```
[[0.501  0.004  0.001  0.     0.001  0.     0.001  0.002  0.     0.51 ]
 [0.138  0.396  0.036  0.031  0.039  0.023  0.029  0.047  0.026  0.764]
 [0.171  0.141  0.74   0.063  0.07   0.073  0.057  0.082  0.082  1.48 ]
 [0.001  0.003  0.002  0.594  0.01   0.004  0.002  0.004  0.001  0.622]
 [0.018  0.042  0.022  0.075  0.364  0.041  0.026  0.042  0.023  0.653]
 [0.009  0.019  0.018  0.08   0.088  0.672  0.009  0.018  0.016  0.929]
 [0.002  0.005  0.004  0.002  0.004  0.003  0.576  0.019  0.006  0.622]
 [0.018  0.043  0.022  0.028  0.038  0.021  0.083  0.356  0.04   0.649]
 [0.008  0.016  0.018  0.008  0.014  0.011  0.063  0.072  0.648  0.858]
 [0.867  0.67   0.863  0.881  0.628  0.849  0.846  0.641  0.842  7.086]]
```

In

```python
# 취업계수 및 취업유발계수

# 취업계수
Emp_3 = Rgt_emp_3.to_numpy() # 지역별 부문별 취업자수
Emp = Emp_3[0:4,0:4].astype(float)

Emp_ratio = ((Emp_row/Ct)/1000).T # 취업계수(십억 원당)
Emp_ratio = Emp_ratio.reshape(1,9)
print('취업계수', '\n', Emp_ratio)

# 취업유발계수
Emp_Lf = np.diag(Emp_ratio.flatten())@Lf # 취업유발계수
# 취업유발계수 열합
Emp_sm_cl = np.hstack((Emp_Lf, Emp_Lf.sum(axis=1).reshape([9,1])))
# 취업유발계수 행합
Emp_sm_rw = np.vstack((Emp_sm_cl,Emp_sm_cl.sum(axis=0)))

print('취업유발계수', '\n', Emp_sm_rw.round(1))
```

Out

취업유발계수

```
[[22.7 0.2 0.  0.   0.   0.   0.   0.1  0.   23. ]
 [ 1.4 4.   0.4 0.3 0.4 0.2 0.3 0.5 0.3  7.8]
 [ 2.7 2.2 11.8 1.  1.1 1.2 0.9 1.3 1.3 23.5]
 [ 0.1 0.1 0.1 22.2 0.4 0.2 0.1 0.2 0.  23.2]
 [ 0.2 0.4 0.2 0.6 3.1 0.4 0.2 0.4 0.2  5.6]
 [ 0.2 0.3 0.3 1.4 1.6 12.  0.2 0.3 0.3 16.6]
 [ 0.1 0.2 0.1 0.1 0.1 0.1 21.8 0.7 0.2 23.6]
 [ 0.1 0.3 0.1 0.2 0.2 0.1 0.5 2.2 0.2  4. ]
 [ 0.1 0.3 0.3 0.2 0.3 0.2 1.2 1.3 11.8 15.6]
 [ 27.5 8.  13.3 26.  7.2 14.4 25.2 6.9 14.4 142.8]]
```

3.6 지역 간 부가가치 이입 및 이출

⬇ **기본 개념**

국가 간 부가가치 기준 무역(Trade in Value Added, TiVA)의 개념[2])을 지역 간 산업연관표에 적용하여 지역 간 부가가치 이입(VA−in)과 부가가치 이출(VA−out)을 측정할 수도 있다(한국은행 보도자료, 2015). 즉, 지역 간 산업연관표에서 어떤 지역의 다른 지역에 대한 부가가치 이입은 타지역의 최종수요로 인해 자기지역에서 창출되는 부가가치를 말하며, 부가가치 이출은 자기지역의 최종수요로 인해 타지역에서 창출되는 부가가치를 나타낸다. 또한 특정지역의 부가가치 순이입은 이입에서 이출을 뺀 것이다.

3지역(수도권(c), 동부권(e), 서부권(w)) 3부문(농산품(a), 공산품(m), 서비스(s))으로 구성된 지역 간 산업연관표에서 수도권의 부가가치 무역 기준 부가가치 이입은 지역별·부문별 부가가치율의 대각행렬에서 수도권의 부가가치 대각행렬만을 포함

---

2) 국가 간 부가가치 기준 무역(TiVA)의 구체적인 개념 및 측정방식은 제8장을 참고하기 바란다.

하고 타지역을 "영(0)"으로 한 행렬$[\widehat{A_{cc}^{v}}, 0, 0](3×9)$에 생산유발계수행렬 $(I-A)^{-1}(9×9)$과 타지역의 최종수요(소비, 투자, 수출) 벡터합$(f_e+f_w)(9×1)$을 차례로 곱하면 수도권의 부문별 이입액$(3×1)$을 구할 수 있다. 부가가치 이출의 경우에는 지역별·부문별 부가가치율의 대각행렬에서 수도권의 부가가치 대각행렬만을 제외하고 수도권을 "영(0)"으로 한 행렬$[0, \widehat{A_{ee}^{v}}, 0]; [0, 0, \widehat{A_{ww}^{v}}] (6×9)$에 생산유발계수행렬 $(I-A)^{-1}(9×9)$과 수도권의 최종수요(소비, 투자, 수출) 벡터합$(f_c)(9×1)$을 차례로 곱하면 타지역의 부문별 이입액$(6×1)$을 구할 수 있다. 이를 부문별로 더하면 수도권의 타지역에 대한 부문별 이출액$(3×1)$이 된다.

⬇️ 예시

<표 Ⅶ-16>은 수도권의 타지역에 대한 부가가치 이입 및 부가가치 이출을 보여준다. 전부문으로는 타지역의 최종수요로 인해 수도권에서 창출되는 부가가치를 나타내는 부가가치 이입은 195조 원이었으며, 수도권의 최종수요로 인해 동부권, 서부권을 포함하는 타지역에서 창출되는 부가가치를 나타내는 부가가치 이출은 145조 원으로 50조 원의 부가가치 순이입을 기록하였다. 공산품 부문의 경우 수도권의 타지역에 대한 부가가치 이입과 부가가치 이출이 각각 48조 원과 76조 원으로 28조 원의 부가가치 순이출을 나타내었다. 반면에 서비스 부문은 수도권의 타지역에 대한 부가가치 이입과 부가가치 이출이 각각 146조 원과 59조 원으로 88조 원의 부가가치 순이입을 나타내었다.

< 표 Ⅶ-16 >   수도권의 타지역에 대한 부가가치 이입 및 이출

(단위: 조 원)

	이입	이출	순이입
농산품	1	11	−10
공산품	48	76	−28
서비스	146	59	88
전부문	195	145	50

자료: 한국은행 지역 간 산업연관표(2015년표)

↓ 파이썬 실습

In

```
# 수도권의 타지역에 대한 부가가치 이입 및 이출

Fd = Mt[:,9,10:19]
Fd_sudo = Fd[:,0:3].sum(axis=1)
Fd_non_sudo = Fd[:,3:9].sum(axis=1)

Mtx_for_vain = Lv@np.diagflat(Fd_sudo)
Mtx_for_vaout = Lv@np.diagflat(Fd_non_sudo)

# 타지역 최종수요에 의한 수도권 부가가치유발액
Tiva_in_sudo = Mtx_for_vaout[:3,:]
Tiva_in_sudo_sm = Tiva_in_sudo.sum(axis=1).reshape([3,1])
Tiva_in_sudo_all = Tiva_in_sudo_sm.sum()
Tiva_in_sudo_vec = np.vstack((Tiva_in_sudo_sm,Tiva_in_sudo_all))

# 수도권 최종수요에 의한 타지역 부가가치유발액
Tiva_out_sudo = Mtx_for_vain[3:,:]
Tiva_out_sudo_sm = Tiva_out_sudo.sum(axis=1).reshape([6,1])
Tiva_out_sudo_arg = Tiva_out_sudo_sm[0,:] + Tiva_out_sudo_sm[3, :]
Tiva_out_sudo_manu = Tiva_out_sudo_sm[1,:] + Tiva_out_sudo_sm[4, :]
Tiva_out_sudo_serv = Tiva_out_sudo_sm[2,:] + Tiva_out_sudo_sm[5, :]
Tiva_out_sudo_all = Tiva_out_sudo_sm.sum()
Tiva_out_sudo_vec = np.vstack((Tiva_out_sudo_arg,Tiva_out_sudo_manu,Tiva_out_sudo_serv,
Tiva_out_sudo_all))

Tiva_mt = np.hstack((Tiva_in_sudo_vec, Tiva_out_sudo_vec, (Tiva_in_sudo_vec-Tiva_out_su-
do_vec) ))

print('수도권의 타지역에 대한 부가가치 이입 및 이출', '\n' ,Tiva_mt.round(0))
```

Out

수도권의 타지역에 대한 부가가치 이입 및 이출
[[1. 11. -10.]
 [48. 76. -28.]
 [146. 59. 88.]
 [195. 145. 50.]]

국가 간 산업연관효과 분석

국가 간 산업연관효과 분석

제8장

산업연관표·파이썬을 활용한 경제구조와 산업연관효과 분석

1 🔲 국가 간 산업연관표 개요

📥 **기본 개념**

국가 간 산업연관표는 제7장에서 살펴본 지역들 사이에 이출과 이입을 기록한 지역 간 산업연관표와 유사하게 국가들 사이의 교역구조를 반영하여 작성한 것이다. 지역 간 산업연관표에서는 지역들 사이에 발생한 거래 내역과 더불어 수입 중간재의 거래내역이 별도의 항목으로 나타나고, 각 지역의 수출은 해당 지역의 최종수요 항목에 기록된다. 이에 반해 국가 간 산업연관표에서는 어떤 국가의 다른 국가들로의 수출이 상대 국가의 중간재 또는 최종재로 모두 배분되며, 동시에 다른 국가들로부터의 수입은 어떤 국가의 중간재나 최종재로 모두 투입된다. 이처럼 국가 간 산업연관표는 수출과 수입을 매개로 작성됨에 따라 국가 간의 다양한 경제적 연관관계를 파악할 수 있게 된다.

한편, 현재 작성되고 있는 대표적인 국가 간 산업연관표로는 OECD에서 작성하고 있는 ICIO(Inter−Country Input−Output Table)와 ADB의 MRIO(Multi−Regional Input−Output Table)를 들 수 있다. 참고로 세계적 차원에서 최초의 국가 간 산업연관표는 유럽연합 집행위원회(European Commission)의 후원 하에 유럽지역의 학계, 연구기관, OECD 등 11개 기관이 2012년 27개 유럽연합(European Union, EU) 회원국과 13개 주요 국가를 대상(1995−2009년)으로 작성한 WIOT(World Input−Output Table)로 2016년 11월에는 2000−2014년까지의 시계열이 확장된 표가 발표되었으나, 이후로는 OECD에서 ICIO를 작성함에 따라 WIOT는 작성되지 않고 있다(이재민·정영호, 2017). 먼저 OECD가 2023년 발표한 ICIO는 1995−2020년 간 OECD, EU, ASEAN, G20 국가 등 76개국[1]과 45개 산업을 포함하며, 순생산물세가 중간투입에 포함되지 않은 기초가격 기준으로 작성되었다. ADB의 MRIO는 기본적으로 WIOT에 아·태지역 국가들을 추가하여 확장한 형태로 현재 2000년 및 2007−2019년 간 25개 아시아 국가들을 포함하여 총 62개국[2]과 35개 산업을 포함하고 있다(ADB, 2022; Mancini et al., 2023).

⬇ 예시

<표 Ⅷ−1>은 OECD의 ICIO(2020년표)를 한국, 중국, 미국, ROW(Rest of the World) 등 4국과 농업, 제조업, 서비스업 등 3부문으로 통합한 국가 간 산업연관표이다. 국가 간 산업연관표의 세로(열) 방향은 국가별·산업별 생산활동에 대한 투입내역을 나타낸다. 한국의 제조업 부문 열을 예로 들면, 총 14,690억 달러의 생산을 위해 자국 내의 농업 부문에서 247억 달러, 제조업 부문에서 5,200억 달러, 서비스업 부문에서 2,314억 달러가 각각 국산 중간재로 투입되었다. 이에 더해 중국의 농업 부문에서 6억 달러, 제조업 부문에서 585억 달러, 서비스업 부문에서 79억 달러, 미국의 농업 부문에서 15억 달러, 제조업 부문에서 166억 달러, 서비스업 부문에서

---

1) 실제 표에서는 76개 국가 외에 나머지 국가(Rest of the World, ROW)가 추가되어 총 77개 국가를 포함한다.
2) ICIO와 마찬가지로 MRIO에서도 ROW(Rest of the World)를 추가할 경우 총 63개국으로 구성된다.

115억 달러, ROW의 농업 부문에서 31억 달러, 제조업 부문에서 1,384억 달러, 서비스업 부문에서 346억 달러가 각각 수입 중간재로 투입되었다. 또한 한국에서 순생산물세 227억 달러와 부가가치 3,975억 달러가 각각 발생했음을 나타낸다.

<표 Ⅷ-1> **국가 간 산업연관표**

(단위: 억 달러)

		중간수요												최종수요				총산출액
		한국			중국			미국			ROW			한국	중국	미국	ROW	
		농업	제조업	서비스업	농업	제조업	서비스업	농업	제조업	서비스업	농업	제조업	서비스업					
중간투입	한국 농업	25	247	91	0	0	0	0	3	1	1	3	1	143	0	1	2	518
	한국 제조업	111	5,200	2,638	59	1,097	340	10	194	177	67	1,120	536	1,623	278	349	891	14,690
	한국 서비스업	62	2,314	5,377	19	198	147	2	29	82	14	203	345	11,605	105	81	263	20,846
	중국 농업	1	6	2	4,912	10,317	1,336	6	19	4	33	106	21	2	5,712	6	76	22,559
	중국 제조업	10	585	235	4,625	84,294	37,897	42	882	1,179	270	5,551	3,633	253	28,453	1,978	6,876	176,763
	중국 서비스업	2	79	116	1,885	23,537	36,009	5	112	283	47	780	1,494	83	101,032	351	1,508	167,403
	미국 농업	2	15	5	59	152	17	780	1,964	151	100	309	49	5	40	997	191	4,836
	미국 제조업	5	166	90	36	458	172	728	13,286	12,736	174	2,690	1,463	81	179	24,792	2,537	59,593
	미국 서비스업	4	115	144	50	368	272	770	11,902	93,573	186	2,134	4,374	90	419	175,868	3,750	294,019
	ROW 농업	3	31	14	198	518	58	142	473	94	6,903	13,976	3,827	13	135	147	14,938	41,470
	ROW 제조업	21	1,384	577	391	9,590	2,504	214	4,385	3,307	5,434	94,038	56,690	393	1,836	6,106	78,862	265,732
	ROW 서비스업	10	346	444	225	2,225	1,686	113	1,374	3,809	4,520	52,110	185,443	296	1,867	3,605	339,146	597,219
순생산물세		6	227	351	120	2,861	2,491	26	679	1,479	436	4,177	8,405	737	4,879	5,227	24,770	–
부가가치		256	3,975	10,762	9,980	41,148	84,394	1,998	24,291	177,144	23,285	88,535	330,938					
총투입액		518	14,690	20,846	22,559	176,763	167,403	4,836	59,593	294,019	41,470	265,732	597,219					

자료: OECD ICIO(2020년표)

국가 간 산업연관표의 가로(행) 방향은 국가별·산업별 생산물의 배분내역을 보여준다. 한국의 제조업 부문 행을 예로 들면, 제조업의 생산물 14,690억 달러는 자국 내의 농업 부문에 111억 달러, 제조업 부문에 5,200억 달러, 서비스업 부문에 2,638억 달러가 각각 중간재로 판매되었다. 또한 중국의 농업 부문에 59억 달러, 제조업 부문에 1,097억 달러, 서비스업 부문에 340억 달러, 미국의 농업 부문에 10억 달러, 제조업 부문에 194억 달러, 서비스업 부문에 177억 달러, ROW의 농업 부문에 67억 달러, 제조업 부문에 1,120억 달러, 서비스업 부문에 536억 달러가 각각 중간재로 판매(수출)되었다. 한국의 제조업 생산물은 자국 내 및 해외의 최종수요로도 판매되었는데 자국 내 1,623억 달러, 중국 278억 달러, 미국 349억 달러, ROW 891억 달러를 각각 기록하였다.

⬇ 파이썬 실습

In

```
# 4국 3부문 2020년 ICIO 불러오기
url_icio
= "https://raw.githubusercontent.com/IO-2024/IOTs_with_python/main/data/ICIO_
4cons_3secs_1Fd_2020.csv"  # 4국 3부문 2020년 ICIO 불러오기
Icio = pd.read_csv(url_icio)

Icio_1 = Icio.to_numpy()
Icio_2 = Icio_1[1:,2:].astype(float)
```

2　🖳　국가 간 산업연관표를 통한 경제구조 분석

2.1 산업구조

⬇ 예시

국가 간 산업연관표를 통해 총산출액 및 부가가치 기준으로 국가별 산업 비중과 산업별 국가 비중을 각각 파악할 수 있다.

<표 Ⅷ-2>는 국가별 산업 비중을 보여준다. 총산출액 기준으로는 전세계적

으로 서비스업, 제조업, 농업이 각각 64.8%, 31.0%, 4.2%를 차지하였으며, 3개국 중에서는 중국이 농업과 제조업에서 각각 6.2%, 48.2%로 가장 큰 비중을 차지한 가운데 미국이 서비스업에서 82.0%로 가장 높았다. 부가가치 기준으로는 전세계적으로 서비스업, 제조업, 농업이 각각 75.7%, 19.8%, 4.5%를 차지하여 총산출액 기준에 비해 서비스업과 농업 비중은 높은 반면 제조업 비중은 낮은 것으로 나타났다. 한국, 중국, 미국 등 3개국 중에서는 총산출액 기준과 유사하게 중국이 농업과 제조업에서 각각 7.4%, 30.4%로 가장 큰 비중을 차지하였으며, 미국이 서비스업에서 87.1%로 가장 높은 비중을 차지하였다.

< 표 Ⅷ-2 >   **국가별 산업 비중**

(단위: %)

	총산출액 기준				부가가치 기준			
	농업	제조업	서비스업	전부문	농업	제조업	서비스업	전부문
한국	1.4	40.7	57.8	100.0	1.7	26.5	71.8	100.0
중국	6.2	48.2	45.6	100.0	7.4	30.4	62.3	100.0
미국	1.3	16.6	82.0	100.0	1.0	11.9	87.1	100.0
ROW	4.6	29.4	66.0	100.0	5.3	20.0	74.7	100.0
전세계	4.2	31.0	64.8	100.0	4.5	19.8	75.7	100.0

자료: OECD ICIO(2020년표)

<표 Ⅷ-3>은 산업별 국가 비중을 보여준다. 총산출액 기준으로는 전부문은 중국 22.0%, 미국 21.5%, 한국 2.2%, ROW 54.3%로 나타났다. 산업부문별로는 농업과 제조업에서는 중국이 각각 32.5%, 34.2%로 가장 높았으며, 서비스업에서는 미국이 27.2%로 가장 크게 나타났다. 부가가치 기준 산업별 국가 비중은 전부문의 경우 미국 25.5%, 중국 17.0%, 한국 1.9%, ROW 55.6%로 나타나 부가가치 기준과 비교시 미국 비중은 상승하고 중국과 한국 비중은 하락한 것으로 나타났다. 산업부문별로는 농업과 제조업에서는 중국이 각각 28.1%, 26.1%로 가장 높았으며, 서비스업에서는 미국이 29.4%로 가장 높았다.

< 표 Ⅷ-3 >   **산업별 국가 비중**

(단위: %)

	총산출액 기준					부가가치 기준				
	한국	중국	미국	ROW	전세계	한국	중국	미국	ROW	전세계
농업	0.7	32.5	7.0	59.8	100.0	0.7	28.1	5.6	65.6	100.0
제조업	2.8	34.2	11.5	51.4	100.0	2.5	26.1	15.4	56.1	100.0
서비스업	1.9	15.5	27.2	55.3	100.0	1.8	14.0	29.4	54.9	100.0
전부문	2.2	22.0	21.5	54.3	100.0	1.9	17.0	25.5	55.6	100.0

자료: OECD ICIO(2020년표)

In

```
# 국가별 산업 비중

Mt = Icio_2
Va = Mt[-2,:12].reshape([1,12]) # 산업별 부가가치
Ct = Mt[-1,:12].reshape([1,12])  # 산업별 총산출액
```

In

```
# 총산출액 기준

KOR_ct = (Ct[:,:3]/(Ct[-1,:3].sum())*100)   # 한국 산업별 비중
CHN_ct = (Ct[:,3:6]/(Ct[-1,3:6].sum())*100) # 중국 산업별 비중
USA_ct = (Ct[:,6:9]/(Ct[-1,6:9].sum())*100)   # 미국 산업별 비중
ROW_ct = (Ct[:,9:12]/(Ct[-1,9:12].sum())*100) # ROW 산업별 비중

WORLD_ct_sm = Ct[:,:12].sum()
WORLD_agr_ct = Ct[:,0]+Ct[:,3]+Ct[:,6]+Ct[:,9]
WORLD_manu_ct = Ct[:,1]+Ct[:,4]+Ct[:,7]+Ct[:,10]
WORLD_ser_ct = Ct[:,2]+Ct[:,5]+Ct[:,8]+Ct[:,11]
```

```
WORLD_ct
= np.hstack((WORLD_agr_ct,WORLD_manu_ct,WORLD_ser_ct))/WORLD_ct_sm*100
IND_CT_CONS = np.vstack((KOR_ct,CHN_ct,USA_ct,ROW_ct,WORLD_ct))
print('산출액 기준 국가별 산업 비중', '\n', IND_CT_CONS.round(1))
```

Out

```
총산출액 기준 국가별 산업 비중
 [[ 1.4 40.7 57.8]
 [ 6.2 48.2 45.6]
 [ 1.3 16.6 82. ]
 [ 4.6 29.4 66. ]
 [ 4.2 31.  64.8]]
```

In

```
# 부가가치기준

KOR_va = (Va[:,:3]/(Va[-1,:3].sum())*100)   # 한국 산업별 비중
CHN_va = (Va[:,3:6]/(Va[-1,3:6].sum())*100) # 중국 산업별 비중
USA_va = (Va[:,6:9]/(Va[-1,6:9].sum())*100)  # 미국 산업별 비중
ROW_va = (Va[:,9:12]/(Va[-1,9:12].sum())*100) # ROW 산업별 비중

WORLD_va_sm = Va[:,:12].sum()
WORLD_agr_va = Va[:,0]+Va[:,3]+Va[:,6]+Va[:,9]
WORLD_manu_va = Va[:,1]+Va[:,4]+Va[:,7]+Va[:,10]
WORLD_ser_va = Va[:,2]+Va[:,5]+Va[:,8]+Va[:,11]

WORLD_va
= np.hstack((WORLD_agr_va,WORLD_manu_va,WORLD_ser_va))/WORLD_va_sm*100

IND_VA_CONS
= np.vstack((KOR_va,CHN_va,USA_va,ROW_va,WORLD_va))
print('부가가치 기준 국가별 산업 비중', '\n', IND_VA_CONS.round(1))
```

Out

부가가치 기준 국가별 산업 비중

```
[[  1.7 26.5 71.8]
 [ 7.4 30.4 62.3]
 [ 1.   11.9 87.1]
 [ 5.3 20.   74.7]
 [ 4.5 19.8 75.7]]
```

In

```
# 산업별 국가 비중

# 총산출액 기준

Agr_ct_cons = np.hstack((Ct[:,0],Ct[:,3],Ct[:,6],Ct[:,9]))
Manu_ct_cons = np.hstack((Ct[:,1],Ct[:,4],Ct[:,7],Ct[:,10]))
Ser_ct_cons = np.hstack((Ct[:,2],Ct[:,5],Ct[:,8],Ct[:,11]))

All_ct_cons
= np.hstack((Ct[-1,:3].sum(),Ct[-1,3:6].sum(),Ct[-1,6:9].sum(),Ct[-1,9:12].sum()))

Agr_ct_cons_wgt = (Agr_ct_cons/Agr_ct_cons.sum())*100
Manu_ct_cons_wgt = (Manu_ct_cons/Manu_ct_cons.sum())*100
Ser_ct_cons_wgt = (Ser_ct_cons/Ser_ct_cons.sum())*100
All_ct_cons_wgt = (All_ct_cons/All_ct_cons.sum())*100

Cons_ct_ind
= np.vstack((Agr_ct_cons_wgt,Manu_ct_cons_wgt,Ser_ct_cons_wgt,All_ct_cons_wgt,))
print('총산출액 기준 산업별 국가 비중', '\n', Cons_ct_ind.round(1))
```

Out

총산출액 기준 산업별 국가 비중
 [[0.7 32.5 7. 59.8]
 [2.8 34.2 11.5 51.4]
 [1.9 15.5 27.2 55.3]
 [2.2 22. 21.5 54.3]]

In

```
# 부가가치기준

Agr_va_cons = np.hstack((Va[:,0],Va[:,3],Va[:,6],Va[:,9]))
Manu_va_cons = np.hstack((Va[:,1],Va[:,4],Va[:,7],Va[:,10]))
Ser_va_cons = np.hstack((Va[:,2],Va[:,5],Va[:,8],Va[:,11]))

All_va_cons
= np.hstack((Va[-1,:3].sum(),Va[-1,3:6].sum(),Va[-1,6:9].sum(),Va[-1,9:12].sum()))

Agr_va_cons_wgt = (Agr_va_cons/Agr_va_cons.sum())*100
Manu_va_cons_wgt = (Manu_va_cons/Manu_va_cons.sum())*100
Ser_va_cons_wgt = (Ser_va_cons/Ser_va_cons.sum())*100
All_va_cons_wgt = (All_va_cons/All_va_cons.sum())*100

Cons_va_ind
= np.vstack((Agr_va_cons_wgt,Manu_va_cons_wgt,Ser_va_cons_wgt,All_va_cons_wgt,))
print('부가가치 기준 산업별 국가 비중', '\n', Cons_va_ind.round(1))
```

```
Out

부가가치 기준 산업별 국가 비중
 [[ 0.7 28.1  5.6 65.6]
  [ 2.5 26.1 15.4 56.1]
  [ 1.8 14.   29.4 54.9]
  [ 1.9 17.   25.5 55.6]]
```

2.2 국가별 투입구조

⬇ 예시

　국가별 투입구조는 국가 간 산업연관표를 세로(열) 방향으로 보면 알 수 있는데, 국가별로 총산출액(=총투입액)에서 국산 및 수입 중간재 투입, 순생산물세, 그리고 부가가치 투입으로 나눌 수 있다.[3)]

　<표 Ⅷ-4>는 국가별 투입구조를 보여준다. 전세계적으로는 중간투입액과 부가가치가 각각 50.9%와 47.8%를 차지한 가운데 국산 중간투입액과 수입 중간투입액의 비중이 각각 46.8%와 4.1%로 나타났다. 한국의 경우 중간투입액과 부가가치 비중이 각각 56.8%와 41.6%로 전세계 평균에 비해 중간투입액 비중은 높고 부가가치 비중은 낮았다. 국산 중간투입액과 수입 중간투입액의 비중은 각각 44.6%와 12.2%로 전세계 평균 대비 국산 중간투입액 비중은 낮고 수입 중간투입액 비중은 높게 나타났다. 중국은 중간투입액 비중과 부가가치 비중이 각각 61.6%와 37.0%였으며, 미국은 중간투입액 비중과 부가가치 비중이 각각 42.6%와 56.8%로 나타났다.

---

3) OECD의 ICIO가 기초가격 기준으로 작성됨에 따라 순생산물세가 중간투입에 포함되지 않고 별도의 항목으로 표시되었다.

< 표 Ⅷ-4 >   국가별 투입구조

(단위: %)

	국산품 (A)	수입품 (B)	중간투입액 (C=A+B)	순생산물세 (D)	부가가치 (E)	총투입액 (C+D+E)
한국	44.6	12.2	56.8	1.6	41.6	100.0
중국	55.9	5.7	61.6	1.5	37.0	100.0
미국	37.9	4.7	42.6	0.6	56.8	100.0
ROW	46.8	2.8	49.6	1.4	49.0	100.0
전세계	46.8	4.1	50.9	1.3	47.8	100.0

자료: OECD ICIO(2020년표)

📥 파이썬 실습

국가별 투입구조와 배분구조는 산업별로 구분하지 않으므로 4국 3부문을 4국 1부문으로 국가 간 산업연관표를 부문통합하여 구한다.

In

```
# 행렬 곱을 이용한 부문 통합
Cd_for_nae = np.array([[1,1,1,0,0,0,0,0,0,0,0,0],
        [0,0,0,1,1,1,0,0,0,0,0,0],
        [0,0,0,0,0,0,1,1,1,0,0,0],
        [0,0,0,0,0,0,0,0,0,1,1,1]])

A_nae = (Cd_for_nae@Mt[:12,:12])@Cd_for_nae.T # 중간투입(수요) 통합

Va_rw = Mt[-3:,:12]@Cd_for_nae.T # 순생산물세와 부가가치 통합

Fd_rw = Cd_for_nae@Mt[:12,12:16]  # 최종수요

Fd_txva=Mt[12:,12:16]   # 최종수요 세금

Nae_vact = np.vstack((A_nae,Va_rw))
Fd_all = np.vstack((Fd_rw,Fd_txva))

Mt_1sec = np.hstack((Nae_vact,Fd_all)) # 1산업 ICIO
print('1산업_4국 ICIO', '₩n', Mt_1sec)
```

Out

```
1산업_4국 ICIO
[[ 16065.   1860.     498.    2290.  13371.    383.     431.    1156.]
 [  1036. 204892.    2532.   11935.    338. 135197.    2335.    8460.]
 [   546.   1584.  135890.   11479.    176.    638.  201657.    6478.]
 [  2830.  17395.   13911.  422941.    702.   3838.    9858.  432946.]
 [   584.   5472.    2184.   13018.    737.   4879.    5227.   24770.]
 [ 14993. 135522.  203433.  442758.     0.      0.       0.       0.]
 [ 36054. 366725.  358448.  904421.     0.      0.       0.       0.]]
```

In

```python
# 국가별 투입구조

One_diag = np.identity(n=4)
Zero_diag = np.where(One_diag == 1, 0, 1)

Dom = Mt_1sec[:4,:4]*One_diag
Dom_sm = Dom.sum(axis=1).reshape([4,1])

Imp=Mt_1sec[:4,:4]*Zero_diag

Imp_kor = np.delete(Imp[:,0], np.where(Imp[:,0] == 0))
Imp_chn = np.delete(Imp[:,1], np.where(Imp[:,1] == 0))
Imp_usa = np.delete(Imp[:,2], np.where(Imp[:,2] == 0))
Imp_row = np.delete(Imp[:,3], np.where(Imp[:,3] == 0))

Imp_4cons = np.vstack((Imp_kor,Imp_chn,Imp_usa,Imp_row))

Imp_kor_sm = Imp_kor.sum() # 수입중간투입액계
Imp_chn_sm = Imp_chn.sum()
Imp_usa_sm = Imp_usa.sum()
Imp_row_sm = Imp_row.sum()
Imp_tot = np.vstack((Imp_kor_sm,Imp_chn_sm,Imp_usa_sm,Imp_row_sm))
```

```
Tip_kor = Dom_sm[0]+Imp_kor_sm # 총중간투입액계(국산+수입)
Tip_chn = Dom_sm[1]+Imp_chn_sm
Tip_usa = Dom_'sm[2]+Imp_usa_sm
Tip_row = Dom_sm[3]+Imp_row_sm
Tip_tot = np.vstack((Tip_kor,Tip_chn,Tip_usa,Tip_row))

Tx = Mt_1sec[-3,0:4].reshape([4,1])
Tx_sm = Tx.sum(axis=1)
```

In

```
Va_1sec = Mt_1sec[-2,0:4].reshape([4,1])
Tot_input = Tip_tot+Tx.reshape([4,1])+Va_1sec.reshape([4,1])
Input_mat = np.hstack((Dom_sm,Imp_4cons,Imp_tot,Tip_tot, Tx, Va_1sec.reshape([4,1]), Tot_input))
Input_sm = Input_mat.sum(axis=0)
Input_strc = np.vstack((Input_mat,Input_sm))
Input_strc_ratio = Input_strc/np.tile(Input_strc[:,-1].reshape([5,1]),reps=[1,6])*100
print('국가별 투입구조', '₩n', Input_strc_ratio.round(1))
```

Out

```
국가별 투입구조
 [[ 44.6 12.2 56.8 1.6 41.6 100.]
 [ 55.9  5.7 61.6 1.5 37.  100.]
 [ 37.9  4.7 42.6 0.6 56.8 100.]
 [ 46.8  2.8 49.6 1.4 49.  100.]
 [ 46.8  4.1 50.9 1.3 47.8 100.]]
```

2.3 국가별 배분구조

📥 **예시**

국가별 배분구조는 각각의 국가에서 생산된 총산출액(=총수요액)이 자국 및 타국의 중간수요와 소비, 투자 등의 최종수요로 판매되는 것을 보여준다.

<표 Ⅷ-5>는 국가별 배분구조를 나타낸다. 먼저 전세계적으로는 중간수요와 최종수요의 비중이 각각 50.9%, 49.1%였다. 이 중에서 자국 중간수요와 최종수요가 각각 46.8%, 47.0%로 거의 대부분을 차지하였으며, 타국 중간수요와 최종수요는 각각 4.1%, 2.1%에 불과하였다. 3개국 중에서는 중국이 자국의 중간수요(55.9%)를 중심으로 중간수요 비중이 60.1%로 가장 높았으며, 미국은 자국의 최종수요(56.3%)를 중심으로 최종수요의 비중이 58.3%로 가장 크게 나타났다. 한국의 경우 타국으로의 중간수요 및 최종수요 비중이 각각 12.9%와 5.5%로 3개국 중에서 가장 높았다.

<표 Ⅷ-5>   국가별 배분구조

(단위: %)

	중간수요			최종수요			총수요
	자국	타국	(A)	자국	타국	(B)	(A+B)
한국	44.6	12.9	57.4	37.1	5.5	42.6	100.0
중국	55.9	4.2	60.1	36.9	3.0	39.9	100.0
미국	37.9	3.8	41.7	56.3	2.0	58.3	100.0
ROW	46.8	3.8	50.5	47.9	1.6	49.5	100.0
전세계	46.8	4.1	50.9	47.0	2.1	49.1	100.0

자료: OECD ICIO(2020년표)

![파이썬 실습]

In

```
Imp_dstr = Imp.sum(axis=1).reshape([4,1])
Id_tot = Dom_sm + Imp_dstr

Fd_dom = (Mt_1sec[0:4,4:8]*One_diag).sum(axis=1).reshape([4,1])
Fd_imp = (Mt_1sec[0:4,4:8]*Zero_diag).sum(axis=1).reshape([4,1])
Fd_tot = Fd_dom + Fd_imp

Tot_dmd = Id_tot + Fd_tot

Dstr_mat = np.hstack((Dom_sm,Imp_dstr, Id_tot, Fd_dom, Fd_imp, Fd_tot,Tot_dmd))
Dstr_strc = np.vstack((Dstr_mat,Dstr_sm))

Dstr_strc_ratio
= Dstr_strc/np.tile(Dstr_strc[:,-1].reshape([5,1]),reps=[1,7])*100
print('국가별 배분구조', '\n', Dstr_strc_ratio.round(1))
```

Out

```
국가별 배분구조
 [[ 44.6 12.9 57.4 37.1 5.5 42.6 100.]
 [ 55.9  4.2 60.1 36.9 3.  39.9 100.]
 [ 37.9  3.8 41.7 56.3 2.  58.3 100.]
 [ 46.8  3.8 50.5 47.9 1.6 49.5 100.]
 [ 46.8  4.1 50.9 47.  2.1 49.1 100.]]
```

2.4 국가 간 교역구조

⬇ 예시

국가 간 교역구조는 한 국가에서 생산한 총산출액이 타국의 중간재와 최종수요로 판매되는 가로(행) 방향의 수출 구조와 한 국가에서 국가별로 중간재와 최종재의 수입을 보여주는 세로(열) 방향의 수입 구조로 구분하여 살펴볼 수 있다.

국가 간 수출 구조는 <표 Ⅷ-6>과 같다. 한국은 중국, 미국, ROW로의 수출 비중이 각각 33.9%, 14.0%, 52.1%로 나타났다. 중국은 미국, 한국, ROW로의 수출 비중이 각각 18.3%, 5.2%, 76.6%로 나타났으며, 미국은 중국, 한국, ROW로의 수출 비중이 각각 10.6%, 3.5%, 85.9%로 나타났다.

<표 Ⅷ-6>　　　　　　　　　　　国家 간 수출 구조

(단위: %)

From \ To	한국	중국	미국	ROW	전세계
한국	–	33.9	14.0	52.1	100.0
중국	5.2	–	18.3	76.6	100.0
미국	3.5	10.6	–	85.9	100.0
ROW	7.3	43.7	49.0	–	100.0

자료: OECD ICIO(2020년표)

국가 간 수입 구조는 <표 Ⅷ-7>과 같다. 한국은 중국, 미국, ROW로부터의 수입 비중이 각각 24.4%, 12.8%, 62.8%였다. 중국은 한국, 미국, ROW로부터의 수입 비중이 각각 8.7%, 8.6%, 82.6%였으며, 미국은 중국, 한국, ROW로부터의 수입 비중이 각각 16.5%, 3.1%, 80.4%로 나타났다.

< 표 Ⅷ-7 >　　　　　　　　　국가 간 수입 구조

(단위: %)

From＼To	한국	중국	미국	ROW
한국	–	8.7	3.1	8.2
중국	24.4	–	16.5	48.8
미국	12.8	8.6	–	43.0
ROW	62.8	82.6	80.4	–
전세계	100.0	100.0	100.0	100.0

자료: OECD ICIO(2020년표)

📥 파이썬 실습

In

```
Id = Mt_1sec[:4,:4].astype(float)  # 중간수요
Fd = Mt_1sec[:4,4:].astype(float) # 최종수요

np.fill_diagonal(Id,0) # 자국 0으로 만들기
np.fill_diagonal(Fd,0) # 자국 0으로 만들기

Trade = Id + Fd
Trade_sm_rw = Trade.sum(axis=1).reshape([4,1])

Trade_rw = np.hstack((Trade,Trade_sm_rw))
Exp_ratio = (Trade_rw/Trade_sm_rw)*100
print('국가 간 수출구조', '\n', Exp_ratio.round(1))
```

Out

국가 간 수출구조

```
[[   0.   33.9  14.   52.1 100. ]
 [   5.2   0.   18.3  76.6 100. ]
 [   3.5  10.6   0.   85.9 100. ]
 [   7.3  43.7  49.    0.  100. ]]
```

In

```
Trade_sm_col = Trade.sum(axis=0).reshape([1,4])

Trade_col = np.vstack((Trade,Trade_sm_col))
Imp_ratio = (Trade_col/Trade_sm_col)*100
print('국가 간 수입 구조', '\n', Imp_ratio.round(1))
```

Out

국가 간 수입 구조

```
[[   0.    8.7   3.1   8.2]
 [  24.4   0.   16.5  48.8]
 [  12.8   8.6   0.   43. ]
 [  62.8  82.6  80.4   0. ]
 [ 100.  100.  100.  100. ]]
```

---

3 📷 국가 간 산업연관효과 분석

3.1 투입계수

📥 **기본 개념**

국가 간 산업연관표에서의 투입계수는 지역 간 산업연관표에서의 투입계수와 유사한 구조를 갖고 있다. 다만 지역 간 투입계수표에서는 투입계수가 지역별로 세분화된 국산 중간투입과 별도의 수입 중간투입으로 나누어지나, 국가 간 투입계수표에서는 투입계수와 수입이 자국 중간투입과 국가별로 세분화된 타국 중간투입으로 각각 나누어진다는 점에서 차이가 있다.

📥 **예시**

<표 Ⅷ-8>은 4국(한국, 중국, 미국, ROW)과 3부문(농업, 제조업, 서비스업)으로 이루어진 국가 간 투입계수표이다. 국가 간 투입계수표를 세로(열) 방향으로 보면 국가별·산업별로 한 단위(예: 1억 달러) 생산을 위해 필요한 자국 및 타국의 원·부재료 등 중간재 투입, 해당국의 순생산물세, 그리고 창출된 부가가치를 나타낸다. 예를 들어 한국의 경우 제조업 부문의 한 단위 생산을 위해 자국으로부터의 농업 부문 0.0168단위, 제조업 부문 0.3540단위, 서비스업 부문 0.1575단위, 타국으로부터는 중국의 농업 부문 0.0004단위, 제조업 부문 0.0398단위, 서비스업 부문 0.0054단위, 미국의 농업 부문 0.0010단위, 제조업 부문 0.0113단위, 서비스업 부문 0.0078단위, ROW의 농업 부문 0.0021단위, 제조업 부문 0.0942단위, 서비스업 부문 0.0236단위 등 총 0.7140단위의 중간재 투입을 필요로 한다. 또한 이러한 생산과정에서 0.0155단위의 순생산물세가 발생하며, 0.2706단위의 부가가치가 창출되었다.

< 표 Ⅷ-8 >   국가 간 투입계수표

			한국			중국			미국			ROW		
			농업	제조업	서비스업	농업	제조업	서비스업	농업	제조업	서비스업	농업	제조업	서비스업
중간 투입	한국	농업	0.0483	0.0168	0.0044	0.0000	0.0000	0.0000	0.0000	0.0001	0.0000	0.0000	0.0000	0.0000
		제조업	0.2143	0.3540	0.1265	0.0026	0.0062	0.0020	0.0021	0.0033	0.0006	0.0016	0.0042	0.0009
		서비스업	0.1197	0.1575	0.2579	0.0008	0.0011	0.0009	0.0004	0.0005	0.0003	0.0003	0.0008	0.0006
	중국	농업	0.0019	0.0004	0.0001	0.2177	0.0584	0.0080	0.0012	0.0003	0.0000	0.0008	0.0004	0.0000
		제조업	0.0193	0.0398	0.0113	0.2050	0.4769	0.2264	0.0087	0.0148	0.0040	0.0065	0.0209	0.0061
		서비스업	0.0039	0.0054	0.0056	0.0836	0.1332	0.2156	0.0010	0.0019	0.0010	0.0011	0.0029	0.0025
	미국	농업	0.0039	0.0010	0.0002	0.0026	0.0009	0.0001	0.1613	0.0330	0.0005	0.0024	0.0012	0.0001
		제조업	0.0097	0.0113	0.0043	0.0016	0.0026	0.0010	0.1505	0.2229	0.0433	0.0042	0.0101	0.0024
		서비스업	0.0077	0.0078	0.0069	0.0022	0.0021	0.0016	0.1592	0.1997	0.3183	0.0045	0.0080	0.0073
	ROW	농업	0.0058	0.0021	0.0007	0.0088	0.0029	0.0003	0.0294	0.0079	0.0003	0.1665	0.0526	0.0064
		제조업	0.0405	0.0942	0.0277	0.0173	0.0543	0.0150	0.0443	0.0736	0.0112	0.1310	0.3539	0.0949
		서비스업	0.0193	0.0236	0.0213	0.0100	0.0126	0.0101	0.0234	0.0231	0.0130	0.1090	0.1961	0.3105
중간투입계			0.4942	0.7140	0.4669	0.5523	0.7510	0.4810	0.5815	0.5810	0.3925	0.4280	0.6511	0.4318
순생산물세			0.0116	0.0155	0.0168	0.0053	0.0162	0.0149	0.0054	0.0114	0.0050	0.0105	0.0157	0.0141
부가가치계			0.4942	0.2706	0.5163	0.4424	0.2328	0.5041	0.4132	0.4076	0.6025	0.5615	0.3332	0.5541
총투입계			1.0000	1.0000	1.0000	1.0000	1.0000	1.0000	1.0000	1.0000	1.0000	1.0000	1.0000	1.0000

자료: OECD ICIO(2020년표)

파이썬 실습

In

```
PROD = Icio_2[-1,:12].astype(float) # 총산출액
VALU = Icio_2[-2, 0:12].astype(float) # 부가가치
TAX = Icio_2[-3, 0:12].astype(float) # 순생산물세
PROD_VASH = VALU/PROD
Fd = Icio_2[:12, 12:16]

Ct_m = np.tile(PROD, reps=[15,1]) # 총산출액을 12번 행반복
Nae = Icio_2[:15,0:12]    # 거래표
```

```
Ad =(Nae/Ct_m)  # 투입계수
print('투입계수', '₩n', Ad.round(4))
```

Out

투입계수
```
[[0.0483 0.0168 0.0044 0.     0.     0.     0.     0.0001 0.     0.     0.     ]
 [0.2143 0.354  0.1265 0.0026 0.0062 0.002  0.0021 0.0033 0.0006 0.0016 0.0042 0.0009]
 [0.1197 0.1575 0.2579 0.0008 0.0011 0.0009 0.0004 0.0005 0.0003 0.0003 0.0008 0.0006]
 [0.0019 0.0004 0.0001 0.2177 0.0584 0.008  0.0012 0.0003 0.     0.0008 0.0004 0.    ]
 [0.0193 0.0398 0.0113 0.205  0.4769 0.2264 0.0087 0.0148 0.004  0.0065 0.0209 0.0061]
 [0.0039 0.0054 0.0056 0.0836 0.1332 0.2166 0.001  0.0019 0.001  0.0011 0.0029 0.0025]
 [0.0039 0.001  0.0002 0.0026 0.0009 0.0001 0.1613 0.033  0.0005 0.0024 0.0012 0.0001]
 [0.0097 0.0113 0.0043 0.0016 0.0026 0.001  0.1505 0.2229 0.0433 0.0042 0.0101 0.0024]
 [0.0077 0.0078 0.0069 0.0022 0.0021 0.0016 0.1592 0.1997 0.3183 0.0045 0.008  0.0073]
 [0.0058 0.0021 0.0007 0.0088 0.0029 0.0003 0.0294 0.0079 0.0003 0.1665 0.0526 0.0064]
 [0.0405 0.0942 0.0277 0.0173 0.0543 0.015  0.0443 0.0736 0.0112 0.131  0.3539 0.0949]
 [0.0193 0.0236 0.0213 0.01   0.0126 0.0101 0.0234 0.0231 0.013  0.109  0.1961 0.3105]
 [0.0116 0.0155 0.0168 0.0053 0.0162 0.0149 0.0054 0.0114 0.005  0.0105 0.0157 0.0141]
 [0.4942 0.2706 0.5163 0.4424 0.2328 0.5041 0.4132 0.4076 0.6025 0.5615 0.3002 0.5541]
 [1.     1.     1.     1.     1.     1.     1.     1.     1.     1.     1.     1.    ]]
```

3.2 생산유발계수

⬇ 기본 개념

국가 간 생산유발계수는 어떤 국가의 특정 재화나 서비스에 대한 최종수요가 한 단위 발생하였을 때 국가별·부문별로 직·간접적으로 유발되는 생산액 단위를 나타낸다. 구체적으로는 국가 간 산업연관표의 투입계수표를 이용한 투입계수(A형)

를 통해 $(I-A)^{-1}$형4) 국가 간 생산유발계수표를 도출할 수 있다. 여기서 A는 국가 간 투입계수 행렬을 나타낸다. 또한 I는 국가별 블록 단위행렬(block identity matrix) 로 4국(한국(k), 중국(c), 미국(u), ROW(r)) 3부문(농업(a), 제조업(m), 서비스업(s))을 가정할 경우에는 [I_k, 0, 0, 0; 0, I_c, 0, 0; 0, 0, I_u, 0; 0, 0, 0, I_r]의 12×12 행렬이 되며, 국가별 단위행렬(I_k, I_c, I_u, I_r)은 각각 [1, 0, 0; 0, 1, 0; 0, 0, 1]의 3×3 행렬이 된다.

⬇ 예시

　<표 Ⅷ-9>는 $(I-A)^{-1}$형 국가 간 생산유발계수표이다. 한국의 제조업 부문을 예로 들면, 먼저 세로(열) 방향은 한국의 제조업 생산물에 대한 최종수요가 한 단위 발생할 경우에 자국에서 농업 부문 0.0304단위, 제조업 부문 1.6314단위, 서비스업 부문 0.3520단위, 타국에서 중국의 농업 부문 0.0147단위, 제조업 부문 0.1748 단위, 서비스업 부문 0.0469단위, 미국의 농업 부문 0.0044단위, 제조업 부문 0.0344 단위, 서비스업 부문 0.0400단위, ROW의 농업 0.0265단위, 제조업 부문 0.3055단 위, 서비스업 부문 0.1647단위 등 총 2.8257단위의 생산이 자국과 타국에서 직·간접적으로 유발되었음을 나타낸다.

　다음으로 가로(행) 방향은 모든 국가에서 각 부문에 대한 최종수요가 한 단위씩 발생할 경우에 한국의 제조업 부문에서 한국의 농업 부문 한 단위 생산을 위해 0.4043단위, 제조업 부문 한 단위 생산을 위해 1.6314단위, 서비스업 부문 한 단위 생산을 위해 0.2818단위, 중국의 농업 부문 한 단위 생산을 위해 0.0146단위, 제조업 부문 한 단위 생산을 위해 0.0265단위, 서비스업 부문 한 단위 생산을 위해 0.0127단 위, 미국의 농업 부문 한 단위 생산을 위해 0.0079단위, 제조업 부문 한 단위 생산을 위해 0.0101단위, 서비스업 부문 한 단위 생산을 위해 0.0027단위, ROW의 농업 부문 한 단위 생산을 위해 0.0064단위, 제조업 부문 한 단위 생산을 위해 0.0141단위, 서비스업 부문 한 단위 생산을 위해 0.0047단위 등 총 2.4172 단위의 생산이 직·간

---

4) 국산품과 수입품이 자국과 타국의 중간재 투입 형태로 포함되어 있다.

< 표 Ⅷ-9 >　　　　　국가 간 생산유발계수표: $(I-A)^{-1}$형

		한국			중국			미국			ROW			행합계
		농업	제조업	서비스업	농업	제조업	서비스업	농업	제조업	서비스업	농업	제조업	서비스업	
한국	농업	1.0590	0.0304	0.0114	0.0003	0.0005	0.0003	0.0002	0.0003	0.0001	0.0002	0.0003	0.0001	1.1031
	제조업	0.4043	1.6314	0.2818	0.0146	0.0265	0.0127	0.0079	0.0101	0.0027	0.0064	0.0141	0.0047	2.4172
	서비스업	0.2571	0.3520	1.4097	0.0061	0.0100	0.0056	0.0030	0.0037	0.0013	0.0026	0.0054	0.0025	2.0590
중국	농업	0.0109	0.0147	0.0061	1.3285	0.1650	0.0614	0.0057	0.0054	0.0016	0.0043	0.0079	0.0029	1.6146
	제조업	0.1018	0.1748	0.0729	0.6364	2.1563	0.6316	0.0461	0.0605	0.0198	0.0378	0.0891	0.0347	4.0618
	서비스업	0.0294	0.0469	0.0259	0.2504	0.3852	1.3893	0.0122	0.0158	0.0059	0.0108	0.0241	0.0121	2.2080
미국	농업	0.0070	0.0044	0.0018	0.0054	0.0037	0.0015	1.2030	0.0527	0.0044	0.0046	0.0039	0.0010	1.2933
	제조업	0.0267	0.0344	0.0162	0.0091	0.0136	0.0067	0.2560	1.3230	0.0850	0.0136	0.0270	0.0097	1.8210
	서비스업	0.0324	0.0400	0.0257	0.0133	0.0174	0.0099	0.3596	0.4040	1.4939	0.0198	0.0349	0.0226	2.4735
ROW	농업	0.0211	0.0265	0.0113	0.0244	0.0248	0.0105	0.0556	0.0278	0.0049	1.2210	0.1092	0.0268	1.5639
	제조업	0.1701	0.3055	0.1277	0.1145	0.2230	0.1016	0.1507	0.1910	0.0460	0.2954	1.6568	0.2349	3.6171
	서비스업	0.1073	0.1647	0.0945	0.0724	0.1169	0.0643	0.1092	0.1142	0.0455	0.2792	0.4929	1.5233	3.1843
열합계		2.2270	2.8257	2.0849	2.4755	3.1429	2.2953	2.2093	2.2086	1.7112	1.8956	2.4655	1.8753	27.4167

자료: OECD ICIO(2020년표)

접적으로 유발되었다.

파이썬 실습

In

```
# 생산유발계수

Lf = np.linalg.inv(np.identity(12)−Ad[:12,])    # 생산유발계수
Lf_sm_cl = np.hstack((Lf, Lf.sum(axis=1).reshape([12,1]))) # 생산유발계수 열합
Lf_sm_rw = np.vstack((Lf_sm_cl,Lf_sm_cl.sum(axis=0))) # 생산유발계수 행합
print('생산유발계수', '\n', Lf_sm_rw)
```

Out

생산유발계수

[[1.059 0.0304 0.0114 0.0003 0.0005 0.0003 0.0002 0.0003 0.0001 0.0002 0.0003
   0.0001 1.1031]
 [0.4043 1.6314 0.2818 0.0146 0.0265 0.0127 0.0079 0.0101 0.0027 0.0064 0.0141
   0.0047 2.4172]
 [0.2571 0.352   1.4097 0.0061. 0.01   0.0056 0.003   0.0037 0.0013 0.0026 0.0054
   0.0025 2.059]
 [0.0109 0.0147 0.0061 1.3285 0.165   0.0614 0.0057 0.0054 0.0016 0.0043 0.0079
   0.0029 1.6146]
 [0.1018 0.1748 0.0729 0.6364 2.1563 0.6316 0.0461 0.0605 0.0198 0.0378 0.0891
   0.0347 4.0618]
 [0.0294 0.0469 0.0259 0.2504 0.3852 1.3893 0.0122 0.0158 0.0059 0.0108 0.0241
   0.0121 2.208]
 [0.007   0.0044 0.0018 0.0054 0.0037 0.0015 1.203   0.0527 0.0044 0.0046 0.0039
   0.001   1.2933]
 [0.0267 0.0344 0.0162 0.0091 0.0136 0.0067 0.256 1.323   0.085   0.0136 0.027
   0.0097 1.821]
 [0.0324 0.04   0.0257 0.0133 0.0174 0.0099 0.3596 0.404   1.4939 0.0198 0.0349
   0.0226 2.4735]
 [0.0211 0.0265 0.0113 0.0244 0.0248 0.0105 0.0556 0.0278 0.0049 1.221   0.1092
   0.0268 1.5639]
 [0.1701 0.3055 0.1277 0.1145 0.223   0.1016 0.1507 0.191   0.046 0.2954 1.6568
   0.2349 3.6171]
 [0.1073 0.1647 0.0945 0.0724 0.1169 0.0643 0.1092 0.1142 0.0455 0.2792 0.4929
   1.5233 3.1843]
 [2.227   2.8257 2.0849 2.4755 3.1429 2.2953 2.2093 2.2086 1.7112 1.8956 2.4655
   1.8753 27.4167]]

3.3 부가가치유발계수

📥 **기본 개념**

국가 간 부가가치유발계수는 어떤 국가의 특정 재화나 서비스에 대한 최종수요가 한 단위 발생하였을 때 국가별·부문별로 직·간접적으로 창출되는 부가가치 단위를 나타낸다. 국가 간 부가가치유발계수는 $\widehat{A^v}(I-A)^{-1}$형으로 앞의 $(I-A)^{-1}$형 생산유발계수 행렬에 부가가치율[5] 대각행렬이 앞에서 곱해진 형태이다. 여기서 $\widehat{A^v}$ 는 국가별 부가가치율의 블록 대각행렬(block diagonal matrix)로 4국(한국(k), 중국(c), 미국(u), ROW(r)) 3부문(농업(a), 제조업(m), 서비스업(s))을 가정할 경우에는 $[\widehat{A_{kk}^v},$ 0, 0, 0; 0, $\widehat{A_{cc}^v}$, 0, 0; 0, 0, $\widehat{A_{uu}^v}$, 0; 0, 0, 0, $\widehat{A_{rr}^v}$]의 12×12 행렬이 되며, 국가별 행렬($\widehat{A_{kk}^v}$, $\widehat{A_{cc}^v}$, $\widehat{A_{uu}^v}$, $\widehat{A_{rr}^v}$)은 각각 3×3 형태의 국가별 부가가치율의 대각행렬이 된다.

📥 **예시**

<표 Ⅷ-10>은 국가 간 투입계수(A형)를 이용하여 도출한 $\widehat{A^v}(I-A)^{-1}$형 국가 간 부가가치유발계수표이다. 한국의 제조업 부문을 예로 들면, 세로(열) 방향은 한국의 제조업 생산물에 대한 최종수요가 한 단위 발생할 경우에 자국에서 농업 부문 0.0154단위, 제조업 부문 0.4667단위, 서비스업 부문 0.1877단위, 타국에서 중국의 농업 부문 0.0066단위, 제조업 부문 0.0435단위, 서비스업 부문 0.0243단위, 미국의 농업 부문 0.0018단위, 제조업 부문 0.0144단위, 서비스업 부문 0.0243단위, ROW의 농업 0.0151단위, 제조업 부문 0.1066단위, 서비스업 부문 0.0936단위의 부가가치가 직·간접적으로 창출되었다. 한편, 자국 부가가치유발계수의 열합과 타국 부가가치유발계수의 열합은 항상 1이 되는데, 이는 개별 국가의 산업연관효과에서 부가가치유발계수의 열합과 수입유발계수의 열합이 항상 1이 되는 것과

---

[5] OECD의 ICIO가 기초가격 기준(순생산물세를 중간투입에서 분리하여 별도로 계상)으로 작성됨에 따라 해당국의 순생산물세를 부가가치에 포함하여 부가가치율을 산출하였다.

동일하다.[6)]

가로(행) 방향은 모든 국가에서 각 부문에 대한 최종수요가 한 단위씩 발생할 경우에 한국의 제조업 부문에서 한국의 농업 부문 한 단위 생산을 위해 0.1156단위, 제조업 부문 한 단위 생산을 위해 0.4667단위, 서비스업 부문 한 단위 생산을 위해 0.0806단위, 중국의 농업 부문 한 단위 생산을 위해 0.0042단위, 제조업 부문 한 단위 생산을 위해 0.0076단위, 서비스업 부문 한 단위 생산을 위해 0.0036단위, 미국의 농업 부문 한 단위 생산을 위해 0.0023단위, 제조업 부문 한 단위 생산을 위해 0.0029단위, 서비스업 부문 한 단위 생산을 위해 0.0008단위, ROW의 농업 부문 한 단위 생산을 위해 0.0018단위, 제조업 부문 한 단위 생산을 위해 0.0040단위, 서비스업 부문 한 단위 생산을 위해 0.0013단위 등 총 0.6914단위의 부가가치가 직·간접적으로 창출되었다.

< 표 Ⅷ-10 >   국가 간 부가가치유발계수표: $\widehat{A^v}(I-A)^{-1}$형

		한국			중국			미국			ROW			행합계
		농업	제조업	서비스업	농업	제조업	서비스업	농업	제조업	서비스업	농업	제조업	서비스업	
한국	농업	0.5357	0.0154	0.0058	0.0001	0.0003	0.0001	0.0001	0.0001	0.0000	0.0001	0.0002	0.0001	0.5579
	제조업	0.1156	0.4667	0.0806	0.0042	0.0076	0.0036	0.0023	0.0029	0.0008	0.0018	0.0040	0.0013	0.6914
	서비스업	0.1371	0.1877	0.7515	0.0033	0.0053	0.0030	0.0016	0.0020	0.0007	0.0014	0.0029	0.0014	1.0976
중국	농업	0.0049	0.0066	0.0027	0.5948	0.0739	0.0275	0.0026	0.0024	0.0007	0.0019	0.0035	0.0013	0.7229
	제조업	0.0253	0.0435	0.0181	0.1585	0.5369	0.1573	0.0115	0.0151	0.0049	0.0094	0.0222	0.0086	1.0113
	서비스업	0.0152	0.0243	0.0134	0.1300	0.1999	0.7211	0.0063	0.0082	0.0031	0.0056	0.0125	0.0063	1.1460
미국	농업	0.0029	0.0018	0.0007	0.0023	0.0016	0.0006	0.5035	0.0221	0.0018	0.0019	0.0016	0.0004	0.5413
	제조업	0.0112	0.0144	0.0068	0.0038	0.0057	0.0028	0.1073	0.5544	0.0356	0.0057	0.0113	0.0041	0.7630
	서비스업	0.0197	0.0243	0.0156	0.0081	0.0105	0.0060	0.2185	0.2454	0.9076	0.0120	0.0212	0.0137	1.5027
ROW	농업	0.0121	0.0151	0.0064	0.0140	0.0142	0.0060	0.0318	0.0159	0.0028	0.6984	0.0625	0.0154	0.8946
	제조업	0.0593	0.1066	0.0445	0.0399	0.0778	0.0354	0.0526	0.0666	0.0160	0.1031	0.5780	0.0819	1.2620
	서비스업	0.0610	0.0936	0.0537	0.0411	0.0664	0.0366	0.0621	0.0649	0.0259	0.1587	0.2801	0.8655	1.8094
열합계		1.0000	1.0000	1.0000	1.0000	1.0000	1.0000	1.0000	1.0000	1.0000	1.0000	1.0000	1.0000	12.0000

자료: OECD ICIO(2020년표)

---

6) 국민경제 전체 측면에서 보면 국산최종수요 총액에서 수입중간재를 뺀 지출국민소득이 생산국민소득(또는 분배국민소득)인 부가가치 총액과 항상 일치한다는 점과 원리가 같으며, 구체적인 증명은 한국은행(2007)을 참고하기 바란다.

파이썬 실습

In

```
# 부가가치유발계수

# 부가가치율(순생산물세포함)
Va_r = (Icio_2[-2,:12]+Icio_2[-3,:12])/PROD
Va_m = np.diag(Va_r)   # 부가가치율 대각행렬

Lv = Va_m@Lf   # 부가가치유발계수

# 부가가치유발계수 열합
Lv_sm_cl = np.hstack((Lv, Lv.sum(axis=1).reshape([12,1])))

# 부가가치유발계수 행합
Lv_sm_rw = np.vstack((Lv_sm_cl,Lv_sm_cl.sum(axis=0)))
print('부가가치유발계수', '\n', Lv_sm_rw)
```

Out

부가가치유발계수

```
[[0.5357  0.0154  0.0058  0.0001  0.0003  0.0001  0.0001  0.0001  0.
  0.0001  0.0002  0.0001  0.5579]
 [0.1156  0.4667  0.0806  0.0042  0.0076  0.0036  0.0023  0.0029  0.0008
  0.0018  0.004   0.0013  0.6914]
 [0.1371  0.1877  0.7515  0.0033  0.0053  0.003   0.0016  0.002   0.0007
  0.0014  0.0029  0.0014  1.0976]
 [0.0049  0.0066  0.0027  0.5948  0.0739  0.0275  0.0026  0.0024  0.0007
  0.0019  0.0035  0.0013  0.7229]
 [0.0253  0.0435  0.0181  0.1585  0.5369  0.1573  0.0115  0.0151  0.0049
  0.0094  0.0222  0.0086  1.0113]
 [0.0152  0.0243  0.0134  0.13    0.1999  0.7211  0.0063  0.0082  0.0031
  0.0056  0.0125  0.0063  1.146 ]
 [0.0029  0.0018  0.0007  0.0023  0.0016  0.0006  0.5035  0.0221  0.0018
  0.0019  0.0016  0.0004  0.5413]
 [0.0112  0.0144  0.0068  0.0038  0.0057  0.0028  0.1073  0.5544  0.0356
  0.0057  0.0113  0.0041  0.763 ]
 [0.0197  0.0243  0.0156  0.0081  0.0105  0.006   0.2185  0.2454  0.9076
  0.012   0.0212  0.0137  1.5027]
 [0.0121  0.0151  0.0064  0.014   0.0142  0.006   0.0318  0.0159  0.0028
  0.6984  0.0625  0.0154  0.8946]
 [0.0593  0.1066  0.0445  0.0399  0.0778  0.0354  0.0526  0.0666  0.016
  0.1031  0.578   0.0819  1.262]
 [0.061   0.0936  0.0537  0.0411  0.0664  0.0366  0.0621  0.0649  0.0259
  0.1587  0.2801  0.8655  1.8094]
 [1.      1.      1.      1.      1.      1.      1.      1.      1.
  1.      1.      1.      12.        ]]
```

3.4 국가 간 무역의 분해

⬇ 기본 개념

국가 간 산업연관표를 이용하면 어떤 국가에서 특정 국가로의 총수출(중간수요와 최종수요를 위한 수출)을 보다 세분해서 살펴볼 수 있다. 일반적으로 어떤 국가의 다른 국가로의 수출은 수출상대국의 소비나 투자 등의 최종재로 수출되기도 하지만, 수출상대국, 제3국, 수출국의 최종재 생산을 위한 수출상대국의 중간재 생산을 위해 수출되기도 한다.

이러한 수출의 특성을 잘 설명한 것이 Koopman et al.(2010)의 총수출 분해식이다. 이 책에서는 앞에서 산출한 4국(한국(k), 중국(c), 미국(u), ROW(r)) 3부문(농업(a), 제조업(m), 서비스업(s)) 국가 간 산업연관표를 이용하여 한국의 대중수출을 이들의 분해식에 기초하여 분해한다. 즉, 한국의 대중수출은 최종재 수출과 중간재 수출로 나눌 수 있는데, 중간재 수출의 경우는 중국의 소비, 투자 등 최종수요를 충족하기 위해 중국 내 중간재로 투입되는 수출, 미국, ROW 등 제3국의 최종수요를 충족하기 위해 중국 내 중간재로 투입되는 수출, 그리고 대중 수출국인 한국의 최종수요를 충족하기 위해 중국 내 중간재로 투입되는 수출로 다시 분해될 수 있다. 이를 수식으로 표현하면 $E_{kc} = Y_{kc} + A_{kc}X_c = Y_{kc} + A_{kc}X_{cc} + A_{kc}X_{cu} + A_{kc}X_{cr} + A_{kc}X_{ck}$로 나타낼 수 있다. 한국의 대중 총수출($E_{kc}$)은 중국으로의 최종재 수출($Y_{kc}$)과 중간재 수출($A_{kc}X_c$)로 나눌 수 있고, 이는 다시 ① 중국으로의 최종재 수출(Y_{kc})과 ② 중국의 최종수요를 위해 생산되는 중국 내 중간재로 투입되는 수출($A_{kc}X_{cc}$), ③ 미국, ROW 등 제3국의 최종수요를 위해 생산되는 중국 내 중간재로 투입되는 수출($A_{kc}X_{cu} + A_{kc}X_{cr}$), 그리고 ④ 대중 수출국인 한국의 최종수요를 위해 생산되는 중국 내 중간재로 투입되는 수출($A_{kc}X_{ck}$)로 분해할 수 있다. 여기서 A_{kc}는 한국에서 중국으로의 중간투입계수 행렬(3×3)을, X_{cc}는 중국에서 한국, 중국, 미국, ROW로의 생산유발계수 행렬(3×12)과 중국의 최종수요 벡터(12×1)의 행렬곱(3×1)을, X_{cu}는 중국에서 한국, 중국, 미국, ROW로의 생산유발계수 행렬(3×12)과 미국의 최종수요 벡

터(12×1)의 행렬곱(3×1)을, X_{cr} 은 중국에서 한국, 중국, 미국, ROW로의 생산유발
계수 행렬(3×12)과 ROW의 최종수요 벡터(12×1)의 행렬곱(3×1)을, X_{ck} 는 중국에서
한국, 중국, 미국, ROW로의 생산유발계수 행렬(3×12)과 한국의 최종수요 벡터
(12×1)의 행렬곱(3×1)을 각각 나타낸다.

⬇ 예시

    <표 Ⅷ-11>은 한국의 대중 총수출을 분해한 결과를 보여준다. 먼저 우리나
라의 대중 총수출을 전체적으로 보면 중국의 최종수요를 위해 생산되는 중국 내 중
간재로 투입되는 수출이 64.8%, 미국, ROW 등 제3국의 최종수요를 위해 생산되는
중국 내 중간재로 투입되는 수출이 17.4%, 중국으로의 최종재 수출이 17.1%, 대중
수출국인 한국의 최종수요를 위해 생산되는 중국 내 중간재로 투입되는 수출이
0.7%를 각각 차지하였다. 제조업의 경우에도 전부문과 유사하게 중국의 최종수요를
위해 생산되는 중국 내 중간재로 투입되는 수출이 65.4%, 미국, ROW 등 제3국의
최종수요를 위해 생산되는 중국 내 중간재로 투입되는 수출이 18.2%, 중국으로의
최종재 수출이 15.7%, 대중 수출국인 한국의 최종수요를 위해 생산되는 중국 내 중
간재로 투입되는 수출이 0.7%를 각각 차지하였다.

<표 Ⅷ-11 >   **한국의 대중 총수출 분해**

(단위: %)

	① Y_{kc}	② $A_{kc}X_{cc}$	$A_{kc}X_{cu}$	$A_{kc}X_{cr}$	③ $A_{kc}X_{cu}+A_{kc}X_{cr}$	④ $A_{kc}X_{ck}$	E_{kc}(총수출)
농업[주]	–	–	–	–	–	–	–
제조업	15.7	65.4	4.0	14.2	18.2	0.7	100.0
서비스업	22.4	62.8	3.1	11.1	14.3	0.6	100.0
전부문	17.1	64.8	3.9	13.5	17.4	0.7	100.0

주: 수출금액이 영(0)임
자료: OECD ICIO(2020년표)

📥 파이썬 실습

`In`

```
E_kc_int = Mt[:,3,3:6]   # 한국의 대중 중간재 수출
E_kc_int_sm = E_kc_int.sum(axis=1)
E_kc_fd = Mt[:,3,13]   # 한국의 대중 최종재 수출
E_kc = E_kc_int_sm + E_kc_fd # 한국의 대중 총수출

Y_kc = E_kc_fd  # 한국의 대중국 최종재 수출

Ct_c = PROD[3:6,]    # 중국의 총산출액 벡터
Ct_c_m = np.tile(Ct_c,reps=[3,1])

A_kc = E_kc_int/Ct_c_m # 한국의 대중 중간재 수출/중국의 총산출액

X_all = Lf@Fd
```

`In`

```
X_chn = X_all[3:6,:]   # 모든 국가의 최종수요에 의한 중국의 총산출액
Akc_by_ind = A_kc@X_chn # 한국의 대중 중간재 수출

Ex_Kor_to_Chn_decom
= np.hstack((Akc_by_ind.reshape([3,4]),Y_kc.reshape([3,1])))
Ex_Kor_to_Chn_decom_sm = Ex_Kor_to_Chn_decom.sum(axis=1)

# 한국의 대중 수출을 중간재(국가별분해)와 최종재로 표시
Ex_Kor_to_Chn_decom_rw_sm
= np.hstack((Ex_Kor_to_Chn_decom.reshape([3,5]),Ex_Kor_to_Chn_decom_sm.reshape([3,1])))
Ex_Kor_to_Chn_decom_col_sm
= Ex_Kor_to_Chn_decom_rw_sm.sum(axis=0)

Ex_Kor_Chn
= np.vstack((Ex_Kor_to_Chn_decom_rw_sm,Ex_Kor_to_Chn_decom_col_sm))
```

```
# Ykc, AkcXcc, AkcXcc, AkcXcu, AkcXcr, AkcXcu+AkcXcr, AkcXck
  순으로 배열 변경

Ex_Kor_Chn_f
= np.hstack((Ex_Kor_Chn[:,4].reshape([4,1]),Ex_Kor_Chn[:,1].reshape([4,1]),
Ex_Kor_Chn[:,2:4],Ex_Kor_Chn[:,2:4].sum(axis=1).reshape([4,1]),
Ex_Kor_Chn[:,0].reshape([4,1]),Ex_Kor_Chn[:,-1].reshape([4,1])))

Ex_Kor_Chn_ratio
= (Ex_Kor_Chn_f/(np.tile(Ex_Kor_Chn[:,-1].reshape([4,1]), reps=[1,7])))*100
np.nan_to_num(Ex_Kor_Chn_ratio, copy=False) # 0으로 나눈 nan을 0으로 변환

print('한국의 대중 총수출 분해', '\n', Ex_Kor_Chn_ratio.round(1))
```

Out

한국의 대중 총수출 분해

[[0.	0.	0.	0.	0.	0.	0.]
[15.7	65.4	4.	14.2	18.2	0.7	100.]
[22.4	62.8	3.1	11.1	14.3	0.6	100.]
[17.1	64.8	3.9	13.5	17.4	0.7	100.]]

3.5 부가가치 기준 무역

국가 간 무역이 확대되고 글로벌 공급망이 다양화되면서 수출입 총액 기준의 국가 간 수출입이 해당 국가의 경제성장 등에 실제로 얼마만큼 기여하였는지를 정확히 측정하는 데 한계를 나타내었다. 국가 간 부가가치 기준 무역(Trade in Value Added, TiVA)은 이러한 단순 수출입 통계의 한계점을 보완하고 특정 국가의 총수출 또는 최종수요가 어느 국가의 부가가치 창출에 기여하였는지를 보다 상세히 파악할 수 있게 해준다. 일반적으로 국가 간 산업연관표의 부가가치유발계수표를 이용하면 부가가치 기준 무역 관련 지표들을 쉽게 산출할 수 있다. 여기서는 부가가치 기준

무역을 이용하여 총수출의 부가가치 기준 분해, 부가가치 이입 및 이출, 후방참여도
와 전방참여도 등을 계산해 보고 각각의 의미를 알아보고자 한다.

3.5.1 총수출의 부가가치 기준 분해

⬇ 기본 개념

앞의 국가 간 무역의 분해를 통해 한국의 대중 총수출을 최종재 수출과 중간재
수출로 나누고, 중간재 수출을 다시 중국, 제3국, 한국의 최종수요를 충족하기 위해
중국 내 중간재로 투입되는 수출로 분해하였다. 이 과정에서 수출의 최종 귀착지 등
을 물량흐름에 기초하여 잘 파악할 수 있었다. 그러나 한국의 대중 총수출을 통해
한국과 해외에서 각각 창출된 부가가치를 명확하게 구분하여 파악할 수는 없었다.

국가 간 부가가치 기준 무역을 이용하면 특정 국가의 어떤 국가의 수출을 자국
에서 창출된 부가가치(Domestic Value Added embodied in gross exports, DVA)와 해외에
서 창출된 부가가치(Foreign Value Added embodied in gross exports, FVA)로 분해할 수
있는데, 세부 산출과정은 다음과 같다. <표 Ⅷ-10>에서 도출한 4국(한국, 중국, 미
국, ROW)과 3부문(농업, 제조업, 서비스업)으로 이루어진 국가 간 부가가치유발계수행
렬($\hat{A}^v$, 12×12)에 한국의 총수출 대각행렬($\hat{E}_k$, 12×12)을 곱한 후, 한국의 3개 산업
부문을 열방향으로 보면 산업별 총수출에 따른 국가별·산업별 부가가치를 산출할
수 있다. 즉, 열방향으로 한국에 해당하는 부분은 한국의 총수출 중 자국에서 창출된
부가가치를, 중국, 미국, ROW에 해당하는 부분은 해외에서 창출된 부가가치를 나타
낸다.

⬇ 예시

<표 Ⅷ-12>는 한국 총수출의 부가가치 기준 분해를 보여준다. 전부문의 경
우 한국의 총수출 중 자국에서 창출된 부가가치(DVA)는 70.8%였으며, 해외에서 창
출된 부가가치(FVA)는 29.2%(중국 6.5%, 미국 3.7%, ROW 19.0%)를 차지하였다. 산업
부문별로는 제조업의 경우 DVA는 서비스업(83.8%)이나 농업(78.8%)에 비해 상대적

으로 낮은 67.0%였으며, FVA는 33.0%로 서비스업(16.2%)이나 농업(21.2%)에 비해 높게 나타났다. 한편, 제조업의 FVA를 국가별로 세분해 보면 중국 7.4%, 미국 4.1%, ROW 21.5%로 나타나 농업이나 서비스업의 경우보다 미국과 중국의 부가가치 창출 비중이 높았다.

< 표 Ⅷ-12 >　　　　　　　　　　한국 총수출의 부가가치 기준 분해

(단위: %)

	DVA	중국	미국	ROW	FVA	총수출
농업	78.8	4.5	3.4	13.2	21.2	100.0
제조업	67.0	7.4	4.1	21.5	33.0	100.0
서비스업	83.8	3.4	2.3	10.5	16.2	100.0
전부문	70.8	6.5	3.7	19.0	29.2	100.0

자료: OECD ICIO(2020년표)

⬇ 파이썬 실습

In

```
import scipy.linalg as linalg

Mtx_for_int = linalg.block_diag(np.ones((3,3)),np.ones((3,3)),np.ones((3,3)),np.ones((3,3)))
Mtx_for_tra = np.where(Mtx_for_int == 1, 0, 1)

Mtx_for_fnl = linalg.block_diag(np.ones((3,1)),np.ones((3,1)),np.ones((3,1)),np.ones((3,1)))
Mtx_for_fnl_tra = np.where(Mtx_for_fnl == 1, 0, 1)

INT = Icio_2[0:12,0:12].astype(float)

EXIM_INT_mt = (INT*Mtx_for_tra).reshape([12,12]) # 국가별 부문별 중간재 수출입
EXGR_INT = EXIM_INT_mt.sum(axis=1).reshape([12,1])

FD = Icio_2[0:12,12:16].astype(float)

EXIM_FNL_mt = (FD*Mtx_for_fnl_tra).reshape([12,4]) # 국가별 부문별 최종재 수출입
EXGR_FNL = EXIM_FNL_mt.sum(axis=1).reshape([12,1])

EXGR = EXGR_INT + EXGR_FNL

EXGR_decom = Lv@np.diagflat(EXGR) # 국가 간 부가가치유발계수와 총수출 대각행렬의 행렬곱
```

In

```
# 한국의 총수출이 유발한 국가별 부문별 부가가치

Kor_tr_va = EXGR_decom[:,:3]
Kor_exgr = EXGR[:3,:].sum() # 한국의 총수출

# 산업별, 총수출 벡터
Kor_ex = np.vstack((Kor_tr_va[:,:3].sum(axis=0).reshape([3,1]),Kor_exgr))

# DVA
Arg_dva = Kor_tr_va[:3,0].sum() # 농업
Manu_dva = Kor_tr_va[:3,1].sum() # 제조업
Serv_dva = Kor_tr_va[:3,2].sum() # 서비스업
Dva_all = np.vstack((Arg_dva, Manu_dva, Serv_dva)) # 전부문

# FVA
# 한국의 농업 수출이 유발한 국가별 부가가치
Arg_fva
= np.hstack((Kor_tr_va[3:6,0].sum(),Kor_tr_va[6:9,0].sum(),Kor_tr_va[9:12,0].sum(),Kor_tr_va[3:12,0].sum()) )

# 한국의 제조업 수출이 유발한 국가별 부가가치
Manu_fva
= np.hstack((Kor_tr_va[3:6,1].sum(),Kor_tr_va[6:9,1].sum(),Kor_tr_va[9:12,1].sum(),Kor_tr_va[3:12,1].sum()) )

# 한국의 서비스업 수출이 유발한 국가별 부가가치
Serv_fva
= np.hstack((Kor_tr_va[3:6,2].sum(),Kor_tr_va[6:9,2].sum(),Kor_tr_va[9:12,2].sum(),Kor_tr_va[3:12,2].sum()) )
Fva_all = np.vstack((Arg_fva, Manu_fva, Serv_fva))
```

In

```
# 한국 총수출의 부가가치 기준 분해

Dva_fva_mt = np.hstack((Dva_all, Fva_all))
Dva_fva_mt_cl_sm = Dva_fva_mt.sum(axis=0).reshape(1,5)
Dva_fva_mt_f = np.vstack((Dva_fva_mt, Dva_fva_mt_cl_sm))

Dva_fva_mt_ratio =  Dva_fva_mt_f/(np.tile(Kor_ex, reps=[1,5]))
print('한국 총수출의 부가가치 기준 분해', '\n', (Dva_fva_mt_ratio*100).round(1))
```

Out

```
한국 총수출의 부가가치 기준 분해
 [[78.8 4.5 3.4 13.2 21.2]
 [67.    7.4 4.1 21.5 33. ]
 [83.8  3.4 2.3 10.5 16.2]
 [70.8  6.5 3.7 19.  29.2]]
```

3.5.2 부가가치 기준 무역을 통한 부가가치 이입과 이출

⬇ 기본 개념

앞에서 이미 언급하였듯이 국가 간 부가가치 기준 무역을 통해 특정 국가의 최종수요 발생이 어느 국가의 부가가치 창출에 기여하였는지를 보다 정확하게 알 수 있게 되는데, 통상 부가가치 이입(TiVA-in)과 부가가치 이출(TiVA-out)로 나눌 수 있다(한국은행, 2014). 부가가치 이입은 부가가치 측면의 수출과 유사한 개념으로 상대국의 최종수요로 인해 자국에서 창출되는 부가가치를 의미한다. 반면에 부가가치 이출은 부가가치 측면의 수입과 유사한 개념으로 자국의 최종수요로 인해 타국에서 창출되는 부가가치를 나타낸다.

한국의 부가가치 무역 기준 부가가치 이입은 4국(한국, 중국, 미국, ROW)과 3부문(농업, 제조업, 서비스업)으로 이루어진 국가별·산업별 부가가치율의 대각행렬에서 한국의 부가가치 대각행렬만을 포함하고 타국을 "영(0)"으로 하는 행렬[$\widehat{A_{kk}^v}$, 0, 0, 0](3×12)에 생산유발계수행렬 $(I-A)^{-1}$(12×12)와 타국의 최종수요(소비, 투자) 벡터합($f_c + f_u + f_r$)(12×1)을 차례로 곱하면 산업별 이입액(3×1)을 구할 수 있다. 여기서 부가가치 이출의 경우에는 국가별·산업별 부가가치율의 대각행렬에서 한국의 부가가치 대각행렬만을 제외하고 한국을 "영(0)"으로 한 행렬[0, $\widehat{A_{cc}^v}$, 0, 0]; [0, 0, $\widehat{A_{uu}^v}$, 0]; [0, 0, 0, $\widehat{A_{rr}^v}$] (9×12)에 생산유발계수행렬 $(I-A)^{-1}$(12×12)와 한국의 최종수요(소비, 투자) 벡터합(f_k)(12×1)을 차례로 곱하면 타국의 산업별 이입액(9×1)을 구할 수 있다. 이를 산업별로 더하면 한국의 타국에 대한 산업별 이출액(3×1)이 된다.

⬇ 예시

<표 Ⅷ-13>은 한국의 부가가치 기준 무역의 부가가치 이입 및 이출을 보여준다. 전부문으로는 타국의 최종수요로 인해 한국에서 창출되는 부가가치를 나타내는 부가가치 이입은 4,645억 달러였으며, 한국의 최종수요로 인해 중국, 미국, ROW

를 포함하는 타국에서 창출되는 부가가치를 나타내는 부가가치 이출은 3,655억 달러로 990억 달러의 부가가치 순이입을 기록하였다. 제조업의 경우 한국의 부가가치 이입과 부가가치 이출이 각각 2,488억 달러와 1,588억 달러로 900억 달러의 부가가치 순이입을 나타내었다.

< 표 Ⅷ-13 >   **한국의 부가가치 이입 및 이출**

(단위: 억 달러)

	이입	이출	순이입
농업	93	230	−137
제조업	2,488	1,588	900
서비스업	2,064	1,837	227
전부문	4,645	3,655	990

자료: OECD ICIO(2020년표)

파이썬 실습

In

```
Fd_kor = Fd[:,0] # 한국의 최종수요 벡터
Fd_non_kor = Fd[:,1:].sum(axis=1) # 타국의 최종수요계 벡터

Tiva_by_nonkor_fd = Lv@Fd_non_kor
Kor_tiva_in = Tiva_by_nonkor_fd[:3,]   # 한국의 부가가치 이입(수출)
Kor_tiva_in_all = Kor_tiva_in.reshape([3,1])

Tiva_by_kor_fd = Lv@Fd_kor
Kor_tiva_out = Tiva_by_kor_fd[3:]   # 한국의 부가가치 이출(수입)
Kor_tiva_out_arg = Kor_tiva_out[0]+Kor_tiva_out[3]+Kor_tiva_out[6]  # 농업
Kor_tiva_out_manu = Kor_tiva_out[1]+Kor_tiva_out[4]+Kor_tiva_out[7]  # 제조업
Kor_tiva_out_serv = Kor_tiva_out[2]+Kor_tiva_out[5]+Kor_tiva_out[8]  # 서비스업
Kor_tiva_out_all
= np.vstack((Kor_tiva_out_arg,Kor_tiva_out_manu,Kor_tiva_out_serv))
```

```
# 한국의 부가가치 순이입(순수출)
Kor_tiva_net = Kor_tiva_in_all- Kor_tiva_out_all
Kor_tiva = np.hstack((Kor_tiva_in_all,Kor_tiva_out_all, Kor_tiva_net))
Kor_tiva_rw_sm = Kor_tiva.sum(axis=0)
Kor_tiva_f = np.vstack((Kor_tiva, Kor_tiva_rw_sm))
print('한국의 부가가치 이입 및 이출', '₩n', Kor_tiva_f.round(0))
```

Out

한국의 부가가치 이입 및 이출
```
[[  93.  230.  -137.]
 [2488. 1588.  900.]
 [2064. 1837.  227.]
 [4645. 3655.  990.]]
```

3.5.3 후방참여도와 전방참여도

⬇ 기본 개념

글로벌 가치사슬(Global Value Chain, GVC)은 어떤 국가에서 하나의 최종재를 생산하기 위해 여러 국가에서 다양한 중간재들이 투입되는데, 이러한 생산활동 과정에서 국가별로 부가가치가 각각 창출되는 구조를 말한다. 일반적으로 글로벌 가치사슬은 후방참여도(backward participation)와 전방참여도(forward participation)를 통해 측정하게 되는데, 이 책에서는 Koopman et al.(2014)과 OECD(2022) 등에서 사용된 정의와 수식을 따랐다. 후방참여도는 자국의 수출에 의해 타국에서 창출된 부가가치가 자국의 총수출에서 차지하는 비중으로 구매자 관점 또는 소싱 측면에서의 글로벌 가치사슬 참여 정도를 나타낸다. 이는 부가가치 측면에서 자국의 총수출 중에서 해외 중간재가 얼마나 기여하였는지를 의미하기도 한다. 한편, 전방참여도는 타국의 수출에 의해 자국의 중간재 수출로 창출된 부가가치가 자국의 총수출에서 차지하는 비중으로 판매자 관점 또는 공급 측면에서의 글로벌 가치사슬 참여 정도를 나타낸다. 이는 부가가치 측면에서 타국의 총수출 중에서 자국 중간재가 얼마나 기여하였는지를 의미하기도 한다.

예를 들어 s국의 타국에 대한 후방참여도와 전방참여도를 수식으로 표현하면 후방참여도는 $(\sum_{r \neq s}^{N} v_r B_{r,s} E_s)/E_s$ 가 되고, 전방참여도는 $(\sum_{r \neq s}^{N} v_s B_{s,r} E_r)/E_s$ 가 된다. 여기서 v_r은 r국의 부가가치, v_s는 s국의 부가가치, $B_{r,s}$는 타국에서의 s국으로의 생산유발계수, $B_{s,r}$은 s국에서 타국으로의 생산유발계수, E_r은 타국의 총수출, E_s는 s국의 총수출을 각각 나타낸다. 후방참여도와 전방참여도를 산출하는 과정은 다음과 같다. 앞의 총수출의 부가가치 기준 분해와 마찬가지로 <표 Ⅷ−10>에서 도출한 4국(한국, 중국, 미국, ROW)과 3부문(농업, 제조업, 서비스업)으로 이루어진 국가 간 부가가치유발계수행렬 $\widehat{A^v}(I-A)^{-1}$(12×12)에 각 국가의 산업별 수출의 블록 대각행렬(block diagonal matrix) $[\widehat{E_k}, 0, 0, 0; 0, \widehat{E_c}, 0, 0; 0, 0, \widehat{E_u}, 0; 0, 0, 0, \widehat{E_r}]$(12×12)을 곱해서 구한다. 먼저 후방참여도는 국가별 세로(열) 방향으로 타국에서 창출된 부가가치만을 더한 후 이를 해당 국가의 수출액으로 나누면 된다. 다음으로 전방참여도는 국가별 가로(행) 방향으로 타국에 의해 창출된 부가가치만을 더한 후 이를 해당 국가의 수출액으로 나누어 구할 수 있다.

⬇ 예시

<표 Ⅷ−14>는 국가별 후방참여도와 전방참여도를 보여준다. 여기서는 4국(한국, 중국, 미국, ROW)과 3부문(농업, 제조업, 서비스업) 모형을 사용하였으며, 국가별로 3개 산업 부문을 합산하여 해당 국가의 후방참여도와 전방참여도를 각각 계산하였다. 후방참여도는 한국이 29.2%로 중국(17.1%), 미국(10.8%)에 비해 높게 나타났다. 전방참여도의 경우에는 한국이 9.8%로 미국(9.8%)과 같은 수준이며, 중국(8.4%)에 비해서는 높았다.

< 표 Ⅷ-14 >   국가별 후방참여도와 전방참여도

(단위: %)

	후방참여도	전방참여도
한국	29.2	9.8
중국	17.1	8.4
미국	10.8	9.8
ROW	6.4	14.3

자료: OECD ICIO(2020년표)

```
In

Ex_one = Trade.sum(axis=1) # 국가별 총수출액 벡터

# DVA_FVA 매트릭스(12x12)를 1국 1산업으로 부문통합(4x4)
Prt = (Cd_for_nae@EXGR_decom)@Cd_for_nae.T

One_diag = np.ones((4,4))
np.fill_diagonal(One_diag,0)

Prt_mtx = Prt*One_diag   # 자국을 제외한 DVA_FVA 매트릭스

Bwd_participation_one = Prt_mtx.sum(axis=0)/Ex_one     # 후방참여도
Fwd_participation_one = Prt_mtx.sum(axis=1)/Ex_one     # 전방참여도
participation_one
= np.hstack((Bwd_participation_one.T.reshape([4,1]),Fwd_participation_one.reshape([4,1])))

print('국가별 후방참여도와 전방참여도', '\n', (participation_one*100).round(1))
```

Out

국가별 후방참여도와 전방참여도

 [[29.2 9.8]
 [17.1 8.4]
 [10.8 9.8]
 [6.4 14.3]]

부 록

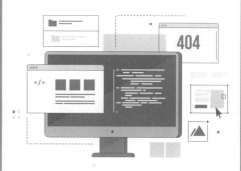

❶ 간접방식(RAS)을 이용한
   산업연관표 작성
❷ 산업연관표의 부문통합

〈부록 1〉 간접방식(RAS)을 이용한 산업연관표 작성

⬇ 기본 개념

산업연관표를 편제하고 있는 대부분의 국가에서는 통상 5년 주기로 실측 산업연관표가 작성되고 있으며, 그 사이 연도에는 연장 산업연관표가 작성되고 있다. 또한 산업연관표는 국민계정통계 등에 비해 작성 기간이 길어 가장 최근에 입수가능한 산업연관표를 이용하더라도 경제분석의 시의성이 떨어지고 각 산업의 기술구조 변화를 제 때에 반영하지 못하는 한계가 있다. 이와 관련하여 실측 산업연관표에 기반하여 연장 산업연관표를 작성하거나 대상 연도를 최근 년으로 업데이트하여 경제분석을 할 수 있게 간접방식을 통한 산업연관표가 작성·활용되고 있다.

이 책에서는 간접방식을 이용한 산업연관표 작성에 가장 널리 사용되고 있는 RAS 방법을 소개한다. RAS 방법은 1963년 영국 캠브리지 대학의 스톤 교수가 제시한 것으로 알려져 있다(Stone, 1963; 한국은행, 2014). 기본적으로는 기준연도(base year, 0기) 산업연관표의 투입구조를 이용하여 대상연도(target year, t기)의 산업연관표를 추정하기 위한 방법이다. 산업연관표의 외생부문인 총산출액, 부가가치 및 최종수요는 상대적으로 추계가 용이하여 대부분의 국가에서 국민계정통계로 매년 공표하고 있다. 반면 각 부문의 중간투입(수요)은 외생부문에 비해 추정이 상대적으로 쉽지 않은 측면이 있다. 이미 알려진 정보인 기준연도의 산업연관표와 대상연도의 부문별 중간투입계, 중간수요계, 총산출액 등의 정보만을 이용하여 대상연도의 부문별 중간투입(수요)을 추정하는 방법이 RAS이다.[1] 즉, 행수정계수(row balancing factor, r로 표기)와 열수정계수(column balancing factor, s로 표기)를 사용하여 대상연도의 중간수요계와

---

1) "RAS"라는 용어는 기준연도(base year, 0기)의 투입계수행렬 A_0가 주어지고 일정한 조건이 충족될 경우에 대상연도(target year, t기)의 투입계수행렬 $A_t = RA_0S$가 되는 대각행렬(diagonal matrix) R과 S가 존재한다는 데서 유래하였다(한국은행, 2014).

중간투입계에 근사한 값이 나올 때까지 행수정계수와 열수정계수를 반복적으로 계
산하는 방법이다. 행수정계수는 각 부문 내에서 원·부재료 간의 대체 정도를 보여주
는 대체효과(substitution effect)를 나타낸다. 또한 열수정계수는 해당 부문의 자본집약
도, 생산성 등을 반영한 부가가치율의 변화 정도를 보여주는 가공도 변화효과
(fabrication effect)를 나타낸다(Miller and Blair, 2022; 권태현, 2020).

📥 예시

<표 1>과 <표 2>는 농산품, 공산품, 서비스 등 3부문으로 구성된 기준연도
투입산출표와 대상연도 투입산출표를 각각 나타낸다. 우선 RAS 방법을 사용하기 위
해서는 대상연도 투입산출표에서 부문별로 중간투입과 중간수요를 제외한 중간수요
계, 중간투입계, 총산출액이 존재하여야 한다. 다시 말해, 대상연도의 농산품, 공산
품 및 서비스의 거래관계를 각 부문의 중간투입계와 중간수요계를 제약조건으로 중
간투입(수요) 매트릭스(거래행렬)를 추정하기 위해 RAS 방법이 사용된다. RAS 방법을
단계적으로 살펴보면 다음과 같다.

<표 1>　　　　　　**기준연도(base year) 투입산출표**

(단위: 조 원)

		중간수요			중간수요계	최종수요			최종수요계	총수요계	총산출액	수입	총공급계
		농산품	공산품	서비스		소비	투자	수출					
중간투입	농산품	4	38	11	53	18	0	1	19	72	60	12	72
	공산품	16	944	401	1,361	213	167	628	1,008	2,369	1,792	577	2,369
	서비스	7	257	693	957	1,032	432	131	1,595	2,552	2,447	105	2,552
중간투입계		27	1,239	1,105	2,371	1,263	599	760	2,622	4,993	4,299	694	4,993
부가가치		33	553	1,342	1,928								
총투입계		60	1,792	2,447	4,299								

자료: 한국은행 산업연관표(2019년표)

<표 2>   대상연도(target year) 투입산출표

(단위: 조 원)

		중간수요			최종수요				총수요계	총산출액	수입	총공급계
		농산품	공산품	서비스	중간수요계	소비	투자	수출	최종수요계				
중간투입	농산품				60	19	0	1	20	80	65	15	80
	공산품				1,513	215	170	635	1,020	2,533	2,052	481	2,533
	서비스				1,106	1,035	455	130	1,620	2,726	2,520	206	2,726
중간투입계		30	1,484	1,165	2,679	1,269	625	766	2,660	5,339	4,637	702	5,339
부가가치		35	568	1,355	1,958								
총투입계		65	2,052	2,520	4,637								

먼저 <표 1>의 기준연도(0기) 투입산출표에서 각 부문의 중간투입(수요)액을 총산출액으로 나누어 기준연도 투입계수행렬(A_0)을 <표 3>과 같이 구한다.

<표 3>   기준연도 투입계수행렬(A_0)

	농산품	공산품	서비스
농산품	0.067(4/60)	0.021(38/1,792)	0.004(11/2,447)
공산품	0.267(16/60)	0.527(944/1,792)	0.164(401/2,447)
서비스	0.117(7/60)	0.143(257/1,792)	0.283(693/2,447)

다음으로 <표 3>에서 구한 기준연도 투입계수행렬(A_0)에 대상연도(t기) 각 부문 총산출액 벡터의 대각행렬($\widehat{X}_t$)을 곱하여 대상연도의 제1차 잠정거래행렬 $M_t^{(1)} = A_0 \widehat{X}_t$을 <표 4>와 같이 만든다.

<표 4>   대상연도 제1차 잠정거래행렬($M_t^{(1)}$)

(단위: 조 원)

	농산품	공산품	서비스	중간수요계
농산품	4.3	43.5	11.3	59.2
공산품	17.3	1,081.0	413.0	1,511.3
서비스	7.6	294.3	713.7	1,015.5
중간투입계	29.3	1,418.8	1,138.0	–

<표 4>의 대상연도 제1차 잠정거래형렬($M_t^{(1)}$)의 부문별 중간수요계[59.2, 1,511.3, 1,015.5]는 대상연도 실제 중간수요계[60, 1,513, 1,106]와 다르다. 또한 부문별 중간투입계[29.3, 1,418.8, 1,138.0]도 대상연도 실제 중간투입계[30, 1,484, 1,165]와 차이가 남을 알 수 있다. 이를 수정하기 위해 먼저 각 부문의 제1차 행수정계수 $r^{(1)}$ = [1.0139(60/59.2), 1.0012(1,513/1,511.3), 1.0891(1,106/1,015.5)]를 구하여 대각행렬($\widehat{r^{(1)}}$)을 만든 후 제1차 잠정거래행렬에 앞곱하여 <표 5>와 같이 제2차 잠정거래행렬 $M_t^{(2)} = \widehat{r^{(1)}} M_t^{(1)} = \widehat{r^{(1)}} A_0 \widehat{X}_t$을 도출한다.

<표 5>   대상연도 제2차 잠정거래행렬($M_t^{(2)}$)

(단위: 조 원)

	농산품	공산품	서비스	중간수요계
농산품	4.4	44.1	11.5	60
공산품	17.4	1,082.2	413.4	1,513
서비스	8.3	320.5	777.2	1,106
중간투입계	30.0	1,446.8	1,202.2	–

<표 5>의 대상연도 제2차 잠정거래형렬($M_t^{(2)}$)의 중간수요계는 수정이 되었으나 중간투입계[30.0, 1,446.8, 1,202.2]는 대상연도 실제 중간투입계[30, 1,484, 1,165]와 차이가 난다. 이를 수정하기 위해 각 부문의 제1차 열수정계수 $s^{\widehat{(1)}}$ = [0.9998(30/30.0), 1.0257(1,484/1,446.8), 0.9691(1,165/1,202.2)]을 구하여 대각행렬($s^{\widehat{(1)}}$)을 만든 후 제2차 잠정거래행렬에 뒷곱하여 <표 6>과 같이 제3차 잠정거래행렬 $M_t^{(3)} = M_t^{(2)} s^{\widehat{(1)}} = \widehat{r^{(1)}} M_t^{(1)} s^{\widehat{(1)}} = \widehat{r^{(1)}} A_0 \widehat{X}_t s^{\widehat{(1)}}$을 도출한다.

<표 6>   대상연도 제3차 잠정거래행렬($M_t^{(3)}$)

(단위: 조 원)

	농산품	공산품	서비스	중간수요계
농산품	4.4	45.3	11.1	60.8
공산품	17.3	1,110.0	400.7	1,528.0
서비스	8.3	328.7	753.2	1,090.2
중간투입계	30	1,484	1,165	–

한편 <표 6>의 대상연도 제3차 잠정거래형렬($M_t^{(3)}$)의 중간투입계는 수정이 되었으나 중간수요계[60.8, 1,528.0, 1,090.2]는 대상연도 실제 중간수요계[60, 1,513, 1,106]와 차이가 난다. 이를 수정하기 위해 각 부문의 제2차 행수정계수 $r^{(2)} = [0.9872(60/60.8),\ 0.9902(1,513/1,528.0),\ 1.0145(1,106/1,090.2)]$를 구하여 대각행렬($\widehat{r^{(2)}}$)을 만든 후 제3차 잠정거래행렬에 앞곱하여 제4차 잠정거래행렬 $M_t^{(4)} = \widehat{r^{(2)}}M_t^{(3)} = \widehat{r^{(2)}}M_t^{(2)}\widehat{s^{(1)}} = \widehat{r^{(2)}}\widehat{r^{(1)}}M_t^{(1)}\widehat{s^{(1)}} = \widehat{r^{(2)}}\widehat{r^{(1)}}A_0\widehat{X_t}\widehat{s^{(1)}}$을 <표 7>과 같이 도출한다.

<표 7> 대상연도 제4차 잠정거래행렬($M_t^{(4)}$)

(단위: 조 원)

	농산품	공산품	서비스	중간수요계
농산품	4.3	44.7	11.0	60
공산품	17.2	1,099.1	396.7	1,513
서비스	8.4	333.5	764.1	1,106
중간투입계	29.9	1,477.3	1,171.8	–

상기의 과정은 RAS 방법에 의한 대상연도와 실제 대상연도의 부문별 중간투입계와 중간수요계가 각각 일치할 때까지 반복된다. 즉, 행수정계수(r)와 열수정계수(s)가 모두 거의 1에 가까운 값이 될 때까지 각 부문의 중간투입 값과 중간수요 값을 각각 수정한다. 여기서는 행수정계수와 열수정계수의 절대값이 각각 1과 비교하여 0.0000001보다 덜 차이가 나도록 수렴조건($e < 0.0000001$)을 설정하였는데, 총 20회[2] 반복하여 <표 8>과 같이 RAS 방법에 의한 대상연도 최종거래행렬을 도출하였다. 이 표를 보면 RAS 방법에 의한 대상연도 투입산출표의 부문별 중간투입계 및 중간수요계가 실제 대상연도의 값과 일치한다.

---

2) 실제 파이썬 실습 프로그램에서는 행과 열의 수정이 동시에 수행됨에 따라 총 10회 반복되는 것으로 나타난다.

<표 8> RAS 방법에 의한 대상연도 최종거래행렬($M_t^{(20)}$)

(단위: 조 원)

	농산품	공산품	서비스	중간수요계
농산품	4.3	44.8	10.9	60
공산품	17.2	1,102.8	393.0	1,513
서비스	8.4	336.4	761.1	1,106
중간투입계	30	1,484	1,165	2,679

⬇️ 파이썬 실습

In

```
# 기준연도 거래표
url_Tt_3
= "https://raw.githubusercontent.com/IO-2024/IOTs_with_python/main/data/Total_
Matrix_3_secs_1_va.csv"  # 기준연도 거래표
Tot_19 = pd.read_csv(url_Tt_3)
Tot_19_num = Tot_19.to_numpy()

# 대상연도 거래표
url_Tt_3
= "https://raw.githubusercontent.com/IO-2024/IOTs_with_python/main/data/Estimated_
table.csv"  # 대상연도 거래표
Tot_est = pd.read_csv(url_Tt_3)
Tr = Tot_est.to_numpy()
Tb = Tot_19_num[0:7,1:10]

Ct = Tb[-1,0:3]  # 기준연도 총산출액 벡터
Ct_m = np.tile(Ct, reps=[3,1]) # 기준연도 총산출액 벡터를 3번 행반복
Ct_ref = Tr[-1,1:4]  # 대상연도 총산출액 벡터

At = Tb[0:3,0:3]/Ct_m # 기준연도 중간투입계수
Row_vec = Tr[0:3,4] # 대상연도 중간수요계
Col_vec = Tr[3, 1:4] # 대상연도 중간투입계

er = 1  # 행수정계수와 1과의 차이의 초기값
ec = 1  # 열수정계수와 1과의 차이의 초기값
```

In

```
# while 반복문으로 RAS 실행
i=0
while True:
    if (er<0.0000001) and (ec<0.0000001):
        break
    M = At@np.diag(Ct_ref)
    R_sm = M.sum(axis=1)
    R = (Row_vec/R_sm) # 행수정계수
    At = np.diag(R)@At

    M = At@np.diag(Ct_ref)
    C_sm = M.sum(axis=0)
    S = (Col_vec.T/C_sm) # 열수정계수
    At = At@np.diag(S)

    er = abs(R-1).sum()
    es = abs(S-1).sum()

    i = i+1
    if er<0.0000001 or ec<0.0000001:
        break   print('행수정계수 절대합_ER', er)

    Mf = np.array(At@np.diag(Ct_ref), dtype=float).round(1)
print('\n', '추정된 최종거래표', '\n', Mf)
```

Out

```
추정된 최종거래표
 [[  4.3     44.8     10.9]
 [ 17.2   1102.8    393. ]
 [  8.4    336.4    761.1]]
```

〈부록 2〉 산업연관표의 부문통합

    산업연관표를 활용하여 경제구조나 산업연관효과 등을 분석하기 위해서는 특정부문을 통합하거나 전체 거래표를 부문통합할 필요가 있다. 이 책에서는 행렬연산(매트릭스 곱)을 이용하여 부문통합하는 방법을 알아본다. 먼저 전국산업연관표를 33부문에서 3부문으로 통합한다. 다음으로 33부문과 8지역으로 구성된 지역 간 산업연관표를 3부문과 3지역으로 통합한다. 마지막으로 45부문과 77국으로 구성된 국가 간 산업연관표(ICIO)를 3부문과 4국으로 통합한다.

<표 1>　　　　　　　　**부문 간 코드매치표(전국 및 지역 간 산업연관표)**

33부문		3부문	
Code	부문명	Code	부문명
1	농림수산품	1	농산품
2	광산품	2	공산품
3	음식료품	2	공산품
4	섬유 및 가죽제품	2	공산품
5	목재 및 종이, 인쇄	2	공산품
6	석탄 및 석유제품	2	공산품
7	화학제품	2	공산품
8	비금속광물제품	2	공산품
9	1차 금속제품	2	공산품
10	금속가공제품	2	공산품
11	컴퓨터, 전자 및 광학기기	2	공산품
12	전기장비	2	공산품
13	기계 및 장비	2	공산품
14	운송장비	2	공산품

15	기타 제조업 제품	2	공산품
16	제조임가공 및 산업용 장비 수리	2	공산품
17	전력, 가스 및 증기	3	서비스
18	수도, 폐기물처리 및 재활용서비스	3	서비스
19	건설	3	서비스
20	도소매 및 상품중개서비스	3	서비스
21	운송서비스	3	서비스
22	음식점 및 숙박서비스	3	서비스
23	정보통신 및 방송 서비스	3	서비스
24	금융 및 보험 서비스	3	서비스
25	부동산서비스	3	서비스
26	전문, 과학 및 기술 서비스	3	서비스
27	사업지원서비스	3	서비스
28	공공행정, 국방 및 사회보장	3	서비스
29	교육서비스	3	서비스
30	보건 및 사회복지 서비스	3	서비스
31	예술, 스포츠 및 여가 관련 서비스	3	서비스
32	기타 서비스	3	서비스
33	기타	3	서비스

<표 2>　　　　　부문 간 코드매치표(국가 간 산업연관표, ICIO)

45부문			3부문	
Code	부문명		Code	부문명
1	Agriculture, hunting, forestry		1	농산품
2	Fishing and aquaculture		1	농산품
3	Mining and quarrying, energy producing products		2	공산품
4	Mining and quarrying, non-energy producing products		2	공산품
5	Mining support service activities		2	공산품
6	Food products, beverages and tobacco		2	공산품
7	Textiles, textile products, leather and footwear		2	공산품

8	Wood and products of wood and cork	2	공산품
9	Paper products and printing	2	공산품
10	Coke and refined petroleum products	2	공산품
11	Chemical and chemical products	2	공산품
12	Pharmaceuticals, medicinal chemical and botanical products	2	공산품
13	Rubber and plastics products	2	공산품
14	Other non-metallic mineral products	2	공산품
15	Basic metals	2	공산품
16	Fabricated metal products	2	공산품
17	Computer, electronic and optical equipment	2	공산품
18	Electrical equipment	2	공산품
19	Machinery and equipment, nec	2	공산품
20	Motor vehicles, trailers and semi-trailers	2	공산품
21	Other transport equipment	2	공산품
22	Manufacturing nec; repair and installation of machinery and equipment	2	공산품
23	Electrictiy, gas, steam and air conditioning supply	3	서비스
24	Water supply; sewerage, waste management and remediation activities	3	서비스
25	Construction	3	서비스
26	Wholesale and retail trade; repair of motor vehicles	3	서비스
27	Land transport and transport via pipelines	3	서비스
28	Water transport	3	서비스
29	Air transport	3	서비스
30	Warehousing and support activities for transportation	3	서비스
31	Postal and courier activities	3	서비스
32	Accommodation and food service activities	3	서비스
33	Publishing, audiovisual and broadcasting activities	3	서비스
34	Telecommunications	3	서비스
35	IT and other information services	3	서비스
36	Financial and insurance activities	3	서비스

37	Real estate activities	3	서비스
38	Professional, scientific and technical activities	3	서비스
39	Adminstrative and support services	3	서비스
40	Public administration and defence; compulsory social security	3	서비스
41	Education	3	서비스
42	Human health and social work activities	3	서비스
43	Arts, entertainment and recreation	3	서비스
44	Other service activities	3	서비스
45	Activities of house holds as employers; undifferentiated goods- and services- producing activities fo households for own use	3	서비스

📥 **파이썬 실습**

1. 전국산업연관표(33부문 → 3부문)

In

```
# 〈전국산업연관표〉

- 2019년 산업연관표(33부문)를 IO표를 3부문 IO표로 통합하고 이를 통해 설명
- 33부문을 3부문(농산품, 공산품, 서비스)으로 통합하기 위하여 행렬 곱을 사용
- 0과 1로 구성된 행렬을 만드는데 각 행은 새로운 표의 부문을 나타내며 각 열은 33부문의 부문을
  나타냄

# 행렬 곱을 이용한 부문 통합을 위해 0과 1로 구성된 임시의 3×33 매트릭스
  (매트릭스 직접 입력)
Code
= np.array([[1,0,0,0,0,0,0,0,0,0,0,0,0,0,0,0,0,0,0,0,0,0,0,0,0,0,0,0,0,0,0,0,0],
           [0,1,1,1,1,1,1,1,1,1,1,1,1,1,1,1,0,0,0,0,0,0,0,0,0,0,0,0,0,0,0,0,0],
           [0,0,0,0,0,0,0,0,0,0,0,0,0,0,0,0,1,1,1,1,1,1,1,1,1,1,1,1,1,1,1,1,1]])
# 행렬곱을 이용한 부문 통합을 위해 0과 1로 구성된 임시의 3×33 매트릭스
print('코드매치를 위한 매트릭스', '₩n', Code)
```

Out

코드매치를 위한 매트릭스

```
[[1 0 0 0 0 0 0 0 0 0 0 0 0 0 0 0 0 0 0 0 0 0 0 0 0 0 0 0 0 0 0 0 0]
 [0 1 1 1 1 1 1 1 1 1 1 1 1 1 1 1 1 0 0 0 0 0 0 0 0 0 0 0 0 0 0 0 0]
 [0 0 0 0 0 0 0 0 0 0 0 0 0 0 0 0 0 1 1 1 1 1 1 1 1 1 1 1 1 1 1 1 1]]
```

In

```python
# 33부문에 해당하는 3부문 코드를 미리 만들어두고 불러오기

Cdd
= "https://raw.githubusercontent.com/IO-2024/IOTs_with_python/main/data/code.csv"  # 코드
매치 파일
Ccdd = pd.read_csv(Cdd)
Cd_for_itr = Ccdd.to_numpy().reshape(33,2)
Cd_3 = Cd_for_itr[:,1]
Cd_33 = Cd_for_itr[:,0]
print('3부문 코드 : ₩n', Cd_3)
print('33부문 코드 : ₩n', Cd_33)

# 부문통합을 위한 코드가 많을 경우 상기의 코드를 수작업으로 미리 하는 것이 쉽지 않으므로 반복
  문을 통해 3x33 임시코드 만들기

Mtx = np.zeros((3,33)) # 수작업 대신 반복문을 통해 3x33 임시코드 만들기
Row = Cd_3
Col = Cd_33
for i, j in zip(Row,Col):
    Mtx[i-1,j-1] = 1

print('코드매치를 위한 매트릭스_불러오기 후', '₩n', Mtx)
```

Out

3부문 코드 :

[1 2 2 2 2 2 2 2 2 2 2 2 2 2 2 2 2 3 3 3 3 3 3 3 3 3 3 3 3 3 3 3 3]

33부문 코드 :

[1 2 3 4 5 6 7 8 9 10 11 12 13 14 15 16 17 18 19 20 21 22 23 24 25 26 27 28 29

30 31 32 33]

코드매치를 위한 매트릭스_불러오기 후

[[1. 0. 0. 0. 0. 0. 0. 0. 0. 0. 0. 0. 0. 0. 0. 0. 0. 0. 0. 0. 0. 0. 0. 0. 0. 0. 0. 0. 0. 0. 0. 0. 0.]

[0. 1. 1. 1. 1. 1. 1. 1. 1. 1. 1. 1. 1. 1. 1. 1. 0. 0. 0. 0. 0. 0. 0. 0. 0. 0. 0. 0. 0. 0. 0. 0. 0.]

[0. 0. 0. 0. 0. 0. 0. 0. 0. 0. 0. 0. 0. 0. 0. 0. 1. 1. 1. 1. 1. 1. 1. 1. 1. 1. 1. 1. 1. 1. 1. 1. 1.]]

In

```
# 총거래표 통합하기

url_Tt_33
= "https://raw.githubusercontent.com/IO-2024/IOTs_with_python/main/data/Total_Matrix.csv"
# 33부문의 총거래표 불러오기
Tt_33 = pd.read_csv(url_Tt_33)

Ttt_33 = Tt_33.to_numpy()
Tot_33 = Ttt_33[0:41,1:53].astype(float)

Nae_tot = Mtx@Tot_33[0:33,0:33]@Mtx.T # 내생(중간투입) 거래표

# 중간투입계, 피용자보수, 영업잉여, 고정자본소모, 기타생산세, 부가가치계, 총산출액(7X3)
Va_row = Tot_33[33:40,0:33]@Mtx.T
```

In

```python
# 최종수요를 통합하기 위한 0과 1로된 행렬(소비, 투자, 수출로 통합)
Fd_cd = np.array([[1,1,0,0,0,0,0,0,0],
                  [0,0,1,1,1,1,0,0,0],
                  [0,0,0,0,0,0,1,0,0],
                  [0,0,0,0,0,0,0,1,0],
                  [0,0,0,0,0,0,0,0,1]])

Fd = Tot_33[0:33, 34:45]
Fd_row = Code@Fd@Fd_cd.T

# 중간투입(수요)과 부가가치 및 총산출액 합치기
Nae_va_ct = np.concatenate((Nae_tot, Va_row))

# 부가가치 및 총산출액의 열합
Nae_va_ct_sm = Nae_va_ct.sum(axis=1).reshape(10,1)

Nnull = np.zeros((6,5)) # 0행렬

# 최종수요, 최종수요의 행합 및 0행렬 합치기
Fd_nnull = np.concatenate((Fd_row, Fd_sm, Nnull),axis=0)

# 최종 3x3 부문통합된 거래표(부가가치항목포함)
Tot_f = np.concatenate((Nae_va_ct,Nae_va_ct_sm, Fd_nnull), axis=1)

# 최종 3x3 부문통합된 거래표(부가가치계만 포함)
Tot_f_va1 = np.concatenate((Tot_f[0:4,], Tot_f[-2:,:]), axis=0)

print('3부문 총거래표', '\n', Tot_f_va1)
```

Out

3부문 총거래표

```
[[   4.   38.   11.   53.   18.   0.   1.   19.   72.]
 [  16.  944.  401. 1361.  213. 167. 628. 1008. 2369.]
 [   7.  257.  693.  957. 1032. 432. 131. 1595. 2552.]
 [  27. 1239. 1105. 2371. 1263. 599. 760. 2622. 4993.]
 [  33.  553. 1342. 1928.   0.   0.   0.    0.    0.]
 [  60. 1792. 2447. 4299.   0.   0.   0.    0.    0.]]
```

In

```python
# 국산거래표 통합하기

# 33부문의 국산거래표 불러오기
url_Dm_33
= "https://raw.githubusercontent.com/IO-2024/IOTs_with_python/main/data/Domestic_
Matrix.csv"
Dm_33 = pd.read_csv(url_Dm_33)

Dmm_33 = Dm_33.to_numpy()
Dom_33 = Dmm_33[0:34,1:53].astype(float)

# 중간투입(수요)의 행을 3부문으로 만들기
Nae_dom = (Mtx@Dom_33[0:33,0:33])@Mtx.T
Dsm_row = Dom_33[33:34,0:33]@Mtx.T  # 중간투입계

Dfd = Dom_33[0:33, 34:45]
Dfd_row = Mtx@Dfd@Fd_cd.T
Dfd_row_sm = np.sum((Dfd_row), axis=0)  # 최종수요의 행합
Dfd_sm = Dfd_row_sm.reshape(1,5)

# 중간투입과 중간투입계 합치기
Nae_dm = np.concatenate((Nae_dom, Dsm_row))
```

```python
# 중간투입(수요)의 행합
Nae_col_sm_dm = Nae_dm.sum(axis=1).reshape(4,1)

# 중간수요와 중간수요계 합치기
Nae_dm_sm = Nae_col_sm_dm.sum(axis=1).reshape(4,1)

# 최종수요 및 최종수요 행합 합치기
Dfd_nnull = np.concatenate((Dfd_row, Dfd_sm), axis=0)

# 최종 3x3 부문통합된 거래표
Dom_f = np.concatenate((Nae_dm, Nae_dm_sm, Dfd_nnull), axis=1)

print('3부문 국산거래표', '\n', Dom_f)
```

Out

3부문 국산거래표

```
[[    4.    31.    10.    45.    15.    -1     1.    15.      60.]
 [   15.   588.   322.   925.   138.   106.   623.   867.    1792.]
 [    7.   243.   644.   894.   997.   425.   131.  1553.    2447.]
 [   26.   862.   976.  1864.  1150.   530.   755.  2435.    4299.]]
```

In

```
# 수입거래표 통합하기

url_Im_33
= "https://raw.githubusercontent.com/IO-2024/IOTs_with_python/main/data/Imported_
Matrix.csv"  # 33부문의 수입거래표 불러오기
Im_33 = pd.read_csv(url_Im_33)

Imm_33 = Im_33.to_numpy()
Imp_33 = Imm_33[0:34,1:53].astype(float)

# 중간투입(수요)의 행을 3부문으로 만들기
Nae_imp = (Mtx@Imp_33[0:33,0:33])@Mtx.T
Ism_row = Imp_33[33:34,0:33]@Mtx.T # 중간투입계

Ifd = Imp_33[0:33, 34:45] #수입최종수요
Ifd_row = Mtx@Ifd@Fd_cd.T
Ifd_row_sm = np.sum((Ifd_row), axis=0) # 최종수요의 행합
Ifd_sm=Ifd_row_sm.reshape(1,5)

# 중간투입과 중간투입계 합치기
Nae_im = np.concatenate((Nae_imp, Ism_row))

# 중간투입(수요)의 행합
Nae_col_sm_imp = Nae_im.sum(axis=1).reshape(4,1)

# 중간수요와 중간수요계 합치기
Nae_im_sm = Nae_col_sm_imp.sum(axis=1).reshape(4,1)

# 최종수요 및 최종수요계 합치기
Ifd_nnull = np.concatenate((Ifd_row, Ifd_sm),axis=0)

# 최종 3x3 부문통합된 거래표
Imp_f = np.concatenate((Nae_im, Nae_im_sm, Ifd_nnull), axis=1)
print('3부문 수입거래표', '₩n', Imp_f)
```

Out

3부문 수입거래표

```
[[   0.    7.    1.    8.    3.    1.    0.    4.   12.]
 [   1.  356.   79.  436.   75.   61.    5.  141.  577.]
 [   0.   14.   49.   63.   35.    7.    0.   42.  105.]
 [   1.  377.  129.  507.  113.   69.    5.  187.  694.]]
```

2. 지역 간 산업연관표(33부문·17지역 → 3부문·3지역)

In

```
# 국산거래표 통합하기

url_RIO_33 = "https://raw.githubusercontent.com/IO-2024/IOTs_with_python/main/data/Regional_Matrix.csv"  # 33부문의 지역IO 불러오기
RIO_33 = pd.read_csv(url_RIO_33)
RRIO_33 = RIO_33.to_numpy()
RI_33 = RRIO_33[2:,3:].astype(float)

Cd_for_R
= "https://raw.githubusercontent.com/IO-2024/IOTs_with_python/main/data/code_regional_io_3regions_3sectors.csv"  # 코드매치 파일
Cdr = pd.read_csv(Cd_for_R)

Cdr_for_itr = Cdr[["old_33부문", "new_3부문 및 지역"]]
Cd_itr = Cdr_for_itr.to_numpy()

Row = Cd_itr[:,1]
Col = Cd_itr[:,0]

# 수작업 대신 반복문을 통해 3x33 임시코드 만들기
Mtx = np.zeros((12,594))
for i, j in zip(Row,Col):
    Mtx[i-1,j-1] = 1
print(Mtx)
Code_9 = Mtx[:9,:561]

# 국산중간투입(수요)을 권역별 3부문으로 만들기
Dom_tot = (Code_9@RI_33[:561,:561])@Code_9.T
```

In

```
# 수입거래표 통합하기

Cd_im_rw
= "https://raw.githubusercontent.com/IO-2024/IOTs_with_python/main/data/code.csv"  # 코드
매치 파일
Cd_i_rw = pd.read_csv(Cd_im_rw)
Cd_ir_itr = Cd_i_rw.to_numpy().reshape(33,2)
Row_i = Cd_ir_itr[:,1]
Col_i = Cd_ir_itr[:,0]

Mtx_i = np.zeros((3,33))
for i, j in zip(Row_i,Col_i):
    Mtx_i[i-1,j-1] = 1
Code_3 = Mtx_i

# 3X18 수입거래표
Imp_row = (Code_3@RI_33[562:595,0:561])@Code_9.T
```

In

```
# 최종수요 통합하기

Cd_fd
= "https://raw.githubusercontent.com/IO-2024/IOTs_with_python/main/data/code_region-
al_io_fd.csv"  # 코드매치 파일
Cd_fd1 = pd.read_csv(Cd_fd)

Cd_fd2 = Cd_fd1[["old_33부문", "new_3부문 및 지역"]]
Cd_fd3 = Cd_fd2.to_numpy()

Row_fd = Cd_fd3[:,1]
Col_fd = Cd_fd3[:,0]

# 7가지 최종수요 항목을 소비, 투자, 수출로 통합
Mtx_fd = np.zeros((9,119))
for i, j in zip(Row_fd,Col_fd):
```

```
   Mtx_fd[i-1,j-1] = 1
print(Mtx_fd)
Code_fd_9 = Mtx_fd[:9,:119]

Fd_dom = RI_33[:561,562:681].astype(float)  # 국산 최종수요
Fd_imp = RI_33[562:595,562:681].astype(float) # 수입 최종수요

Fd_dom_3 = (Code_9@Fd_dom)@Code_fd_9.T # 국산최종수요
Fd_imp_3 = (Code_3@Fd_imp)@Code_fd_9.T # 수입최종수요

# 국산 및 수입최종수요 열합
Fd_col_sm = (RI_33[596,562:681]@Code_fd_9.T).reshape([1,9])

# 각 지역의 최종수요와 아래에 0 붙이기
Fd_each = np.concatenate((Fd_dom_3, Fd_imp_3,Fd_col_sm, np.zeros((6,9))), axis=0)
Fd_tot_sm = Fd_each.sum(axis=1).reshape([19,1])
```

In

```
# 부가가치 통합하기

Vact = RI_33[596:,:561]  # 부가가치 및 총산출액
Vact_3 = Vact@Code_9.T  # 3부문 부가가치
```

In

```
# 3부문 3지역 지역산업연관표 만들기
# 중간투입(수요)과 부가가치 및 총산출액 합치기
Nae_tot = np.concatenate((Dom_tot, Imp_row, Vact_3))
Tot_row_sm = Nae_tot.sum(axis=1).reshape([19,1])
Tot_dm = Tot_row_sm + Fd_tot_sm  # 총수요 = 중간수요계+최종수요계

Tot_rg = np.concatenate((Nae_tot,Tot_row_sm,Fd_each, Fd_tot_sm,Tot_dm), axis=1)
print('3부문_3지역 산업연관표', '\n', (Tot_rg/1000000).round(0))
```

Out

3부문_3지역 산업연관표

```
[[    0.    3.    1.    0.    0.    0.    0.    1.    0.    6.    1.    0.
      0.    0.    0.    0.    0.    0.    0.    2.    8.]
 [    2.  112.   71.    1.   36.   14.    1.   37.   13.  287.   29.   21.
    215.    9.    6.    0.    7.    8.    0.  295.  582.]
 [    1.   79.  302.    1.   27.   31.    1.   28.   28.  497.  387.  164.
     67.   33.   13.    0.   31.   11.    0.  706. 1204.]
 [    0.    1.    2.    1.    7.    2.    0.    2.    0.   16.    3.    0.
      0.    3.    1.    0.    1.    0.    0.    7.   23.]
 [    0.   43.   38.    4.  158.   40.    1.   36.   13.  333.   20.   15.
      0.   19.   11.  226.    7.    7.    0.  306.  639.]
 [    0.    4.   15.    2.   59.   76.    0.    3.    4.  164.   11.    2.
      0.  194.   77.   26.    5.    1.    0.  316.  479.]
 [    0.    2.    3.    0.    1.    1.    1.   12.    2.   22.    3.    0.
      0.    1.    0.    0.    2.    1.    0.    8.   30.]
 [    0.   46.   40.    1.   41.   15.    6.   88.   31.  269.   15.    9.
      0.    7.    4.    0.   15.    5.  168.  222.  491.]
 [    0.    3.   17.    0.    3.    3.    2.   41.   56.  124.   15.    4.
      0.    5.    1.    0.  146.   71.   12.  254.  378.]
 [    0.    3.    0.    0.    2.    0.    0.    3.    0.    9.    1.    0.
      0.    1.   -0.    0.    1.   -0.    0.    3.   12.]
 [    0.  100.   41.    0.  130.   18.    1.   98.   17.  405.   27.   29.
      2.   15.   12.    0.   11.   13.    0.  109.  514.]
 [    0.    6.   25.    0.    6.   13.    0.    4.    8.   63.   15.    5.
      0.    7.    1.    0.    7.    1.    0.   35.   98.]
 [    4.  403.  556.   10.  470.  214.   14.  354.  172. 2196.  527.  248.
    284.  294.  124.  253.  234.  118.  181. 2261. 4458.]
 [    0.   71.  324.    2.   63.  135.    3.   43.  109.  750.    0.    0.
      0.    0.    0.    0.    0.    0.    0.    0.  750.]
 [    3.   52.  170.    9.   45.   64.   11.   43.   45.  441.    0.    0.
      0.    0.    0.    0.    0.    0.    0.    0.  441.]
 [    1.   45.  104.    2.   37.   48.    2.   32.   38.  310.    0.    0.
      0.    0.    0.    0.    0.    0.    0.    0.  310.]
 [    0.   11.   51.    0.   23.   18.    0.   19.   14.  136.    0.    0.
      0.    0.    0.    0.    0.    0.    0.    0.  136.]
 [    4.  179.  648.   13.  169.  265.   16.  137.  206. 1637.    0.    0.
      0.    0.    0.    0.    0.    0.    0.    0. 1637.]
 [    8.  582. 1204.   23.  639.  479.   30.  491.  378. 3834.    0.    0.
      0.    0.    0.    0.    0.    0.    0.    0. 3834.]]
```

3. 국가 간 산업연관표(45부문·77국 → 3부문·4국)[1]

In

```
# ICIO 불러오기
Icio = pd.read_csv('/content/2020.csv', low_memory = False)
Icio_1 = Icio.to_numpy()
Icio_2 = Icio_1[:,1:]

url_cdd
= "https://raw.githubusercontent.com/IO-2024/IOTs_with_python/main/data/cd_icio_f_new.csv"
# 코드매치 파일 불러오기
Cd = pd.read_csv(url_cdd)

Ccdd = Cd.to_numpy()
Cd_for_itr = Ccdd[:,1:]

Mtx = np.zeros((12,3645)) # 반복문을 통해 3x33 임시코드 만들기
Cd_3 = Cd_for_itr[:,1]
Cd_33 = Cd_for_itr[:,0]
row = Cd_3
col = Cd_33
for i, j in zip(row,col):
    Mtx[i-1,j-1] = 1

Code = Mtx.reshape([12,3645])

# 중간투입(수요) 12x12 만들기
Nae_tot = (Code@Icio_2[0:3645,0:3645])@Code.T
```

---

1) 국가 간 산업연관표(ICIO)는 파일 용량이 커 Github에 저장할 수 없어서 URL로 파일을 불러들일 수 없으므로
관련 링크(OECD Inter-Country Input-Output (ICIO) Tables - OECD, https://www.oecd.org/sti/
ind/inter-country-input-output-tables.htm)에서 파일을 다운받은 후 Colab 폴더에 직접 업로드하여 데
이터를 불러온다.

In

```
url_cns
= "https://raw.githubusercontent.com/IO-2024/IOTs_with_python/main/data/cd_cons_new.csv"
# 국가 코드매치 파일 불러오기
Cd_cns = pd.read_csv(url_cns)

Ccdd_cns = Cd_cns.to_numpy()
Cd_for_itr_cns = Ccdd_cns[:,1:]

Mtx_cns = np.zeros((4,77)) # 반복문을 통해 3x33 임시코드 만들기
Cd_3 = Cd_for_itr_cns[:,1]
Cd_33 = Cd_for_itr_cns[:,0]
Row = Cd_3
Col = Cd_33
for i, j in zip(Row,Col):
    Mtx_cns[i-1,j-1] = 1

Code_cns = Mtx_cns

Nae_tx = Icio_2[3645,0:3645]@Code.T # 세금 행을 12부문으로 만들기
Vact_row = Icio_2[-2:,0:3645]@Code.T # 부가가치 및 산출액
```

In

```
url_cdfd = "https://raw.githubusercontent.com/IO-2024/IOTs_with_python/main/data/cd_fd_
  4cons_new.csv"  # 최종수요 코드매치 파일 불러오기
Cd_fd = pd.read_csv(url_cdfd)

Ccdd_fd = Cd_fd.to_numpy()
Cd_for_itr_fd = Ccdd_fd[:,1:3]

Mtx_fd = np.zeros((4,462)) # 반복문을 통해 3x33 임시코드 만들기
Cd_3 = Cd_for_itr_fd[:,1]
Cd_33 = Cd_for_itr_fd[:,0]
```

```
Row = Cd_3
Col = Cd_33
for i, j in zip(Row,Col):
    Mtx_fd[i-1,j-1] = 1

Code_fd = Mtx_fd

# 최종수요를 12부문으로 만들기
Fd = Code@Icio_2[0:3645,3645:4107]@Code_fd.T
Fd_tx = Icio_2[3645,3645:4107]@Code_fd.T
Fd_row = np.concatenate((Fd,Fd_tx.reshape([1,4]),np.zeros((2,4))))

Icio_row = np.concatenate((Nae_tot,Nae_tx.reshape([1,12]), Vact_row))
Icio_col = np.concatenate((Icio_row, Fd_row), axis=1)
Icio_col_sm = Icio_col.sum(axis=1).reshape([15,1])
Icio_col_sm[-2:,:] = 0       # 총수요 열에서 부가가치와 총산출액을 0으로 만들기
Icio_f = np.concatenate((Icio_col, Icio_col_sm), axis=1).astype(float)

ICIO_trl = (Icio_f/100).round(0) # 억 달러
print('3부문_4국_ICIO', '₩n', ICIO_trl)
```

Out

3부문_4국_ICIO

```
[[      25.      247.       91.       0.        0.        0.        0.        3.        1.
        1.        3.        1.      143.        0.        1.        2.      518.]
 [     111.     5200.     2638.      59.     1097.      340.       10.      194.      177.
       67.     1120.      536.     1623.      278.      349.      890.    14690.]
 [      62.     2314.     5377.       19.      198.      147.        2.       29.       82.
       14.      203.      345.    11605.      105.       81.      263.    20846.]
 [       1.        6.        2.     4912.    10317.     1336.        6.       19.        4.
       33.      106.       21.        2.     5712.        6.       79.    22559.]
 [      10.      585.      235.     4625.    84294.    37897.       42.      882.     1179.
      270.     5551.     3633.      253.    28453.     1978.     6876.   176763.]
 [       2.       79.      116.     1885.    23537.    36089.        5.      112.      283.
       47.      780.     1494.       83.   101032.      351.     1507.   167403.]
 [       2.       15.        5.       59.      152.       17.      780.     1964.      151.
      100.      309.       49.        5.       40.      997.      192.     4836.]
 [       5.      166.       90.       36.      458.      172.      728.    13286.    12736.
      174.     2690.     1463.       81.      179.    24792.     2537.    59593.]
 [       4.      115.      144.       50.      368.      272.      770.    11902.    93573.
      186.     2134.     4374.       90.      419.   175868.     3751.   294019.]
 [       3.       31.       14.      198.      518.       58.      142.      473.       94.
     6903.    13976.     3827.       13.      135.      147.    14937.    41470.]
 [      21.     1384.      577.      391.     9590.     2504.      214.     4835.     3307.
     5434.    94038.    56690.      393.     1836.     6106.    78861.   265732.]
 [      10.      346.      444.      225.     2225.     1686.      113.     1374.     3809.
     4520.    52110.   185443.      296.     1867.     3605.   339144.   597219.]
 [       5.      226.      352.      120.     2861.     2493.       25.      680.     1478.
      437.     4178.     8404.      737.     4879.     5227.    24770.    56872.]
 [     256.     3975.    10762.     9980.    41148.    84394.     1998.    24291.   177144.
    23285.    88535.   330938.        0.        0.        0.        0.        0.]
 [     518.    14690.    20846.    22559.   176763.   167403.     4836.    59593.   294019.
    41470.   265732.   597219.        0.        0.        0.        0.        0.]]
```

참고문헌

강내영·양지원 (2022), "글로벌 공급망의 뉴노멀과 우리의 대응," Trade Focus, 한국무역협회 국제무역통상연구원.

권태현 (2004), SAS를 이용한 산업연관분석, 도서출판 청람.

권태현 (2020), 산업연관분석, 도서출판 청람.

권태현·정영호 (2019), "우리나라 전자산업의 부가가치 창출 구조," BOK 국민계정리뷰, 한국은행.

김세완·최문정 (2020), "글로벌 가치사슬 변화가 경제성장에 미치는 영향: 2008년 금융위기 전후 전·후방참여 효과의 국제비교를 중심으로," BOK 경제연구, 한국은행.

김태진 (2021), R을 이용한 산업연관분석, 한나래출판사.

양시환·이종호 (2017), "글로벌 가치사슬이 산업별 생산성에 미치는 영향," 조사통계월보, 한국은행, 55−87.

이군건·박정하·박진·이윤정 (2020), "우리나라 글로벌 분업체계 참여구조 변화가 우리 수출에 미친 영향," 조사통계월보, 한국은행, 16−39.

이우기·이인규·홍영은 (2013), "국제산업연관표를 이용한 우리나라의 Global Value Chain 분석," BOK 이슈노트, 한국은행.

이재민·정영호 (2017), "세계산업연관표(WIOT)의 구조와 이해," BOK 국민계정리뷰, 한국은행.

정성훈 (2014), "글로벌 가치사슬의 관점에서 본 한국의 산업 및 무역 정책," 정책연구시리즈 2014−15, KDI.

신창식·유복근 (1996), "1993년 산업연관표로 본 한국의 산업연관 구조 및 효과 분석," 조사통계월보, 한국은행.

유복근 (1994), "우리나라의 수출과 환경오염의 상관관계 분석," 행내현상논문(3등), 한국은행.

최문정·김경근 (2019), "선진국 수입수요가 우리나라 수출에 미치는 영향," 경제분석, 25(1), 한국은행, 34−65.

최병권 (2019), "글로벌가치사슬상 무역정책의 변화와 시사점에 관한 연구," 지역산업연구, 42(3), 281−307.

한국은행 (2007), 산업연관분석해설, 한국은행.

한국은행 (2014), 산업연관분석해설, 한국은행.

한국은행 (2015), "2010년 및 2013년 지역산업연관표 작성 결과," 보도자료, 한국은행.

한국은행 (2016), "우리나라 대중국 수출의 최종 귀착지 분해 및 미국의 보호무역주의 강화가 우리 경제에 미치는 영향," 보도참고자료, 한국은행.

한국은행 (2020), "2015년 지역산업연관표 작성 결과," 보도자료, 한국은행.

한국은행 (2023), 알기 쉬운 경제지표해설, 한국은행.

ADB (2022), "Economic Insights from Input−Output Tables for Asia and the Pacific," Asian Development Bank.

Chenery, H. (1960), "Patterns of Industrial Growth," *The American Economic Review*, 50(4), 624−654.

Chenery, H., S. Shishido and T. Watanabe (1962), "Patterns of Japanese Growth, 1914−1954," *Econometrica*, 30(1), 98−139.

Johnson, R. and G. Noguera (2012), "Accounting for Intermediates: Production Sharing and Trade in Value Added," *Journal of International Economics*, 86, 224−236.

Hummels, D., J. Ishii and K. Yi (2001), "The Nature and Growth of Vertical Specialization in World Trade," *Journal of International Economics*, 54, 75−96.

Kim C., S. Lee and J. Eum (2019), "Taking a Bigger Slice of the Global Value Chain Pie: An Industry−Level Analysis," *BOK Working Paper*, Bank of Korea.

Koopman, R., W. Powers, Z. Wang and S. Wei (2010), "Give Credit Where Credit is Due: Tracing Value Added in Global Production Chains," *NBER Working Paper*, 16426.

Koopman, R., Z. Wang and S. Wei (2014), "Tracing Value−Added and Double Counting in Gross Exports," *The American Economic Review*, 104(2),

459−494.

Leontief, W. (1936), "Quantitative Input and Output Relations in the Economic System of the United States," *The Review of Economics and Statistics*, 18(3), 105−125.

Mancini, M., P. Montalbano, S. Nenci and D. Vurchio (2023), "Positioning in Global Value Chains: World Map and Indicators. A New Dataset Available for GVC Analysis," *DiSSE Working Paper*, Sapienza University of Rome.

Mckinney, W. (2017), Python for Data Analysis, 2nd edition, O'Reilly Media, Inc.

Miller, R. and P. Blair (2022), Input−Output Analysis: Foundations and Extensions, 3rd edition, Cambridge University Press.

OECD (2022), "Guide to OECD Trade in Value Added (TiVA) Indicators," 2022 edition, OECD.

Stone, R. (1963), "A program for Growth: Input−Output Relationships 1954−1966," Vol. 3, Department of Applied Economics, University of Cambridge.

Syrquin, M. (1976), "Sources of Industrial Growth and Change: An Alternative Measure," *European Meeting of the Econometric Society, Helsinki, Finland*.

Timmer, M., A. Erumban, B. Los, R. Stehrer and G. De Vries (2014), "Slicing up Global Value Chains," *Journal of Economic Perspectives*, 28(2), 99−118.

Wang, Z., S. Wei, X. Yu and K. Zhu (2017), "Measures of Participation in Global Value Chains and Global Business Cycles," *NBER Working Paper*, 23222.

국문색인

영문색인

[저자 약력]

유 복 근

한국은행에 1992년 입행한 이후 경제통계국, 조사국, 경제연구원 등에서 조사·연구를 해왔으며, 1992-97년에는 경제통계국 투입산출팀에서 산업연관표의 편제 및 산업연관표를 이용한 다양한 분석 업무를 수행하였다. 경제연구원 미시제도연구실장, 국제경제연구실장, 연구조정실장, 조사국 미국유럽경제팀장, 경제통계국 국외투자통계팀장을 역임하였으며, 현재는 경제연구원 금융통화연구실 연구위원으로 재직 중이다. 한양대학교 경제학과를 졸업하고 2008년 뉴욕주립대(SUNY at Buffalo)에서 경제학 박사학위를 취득하였다. 2010-12년에는 미국 워싱턴 D.C.에 소재한 국제기구인 미주개발은행(Inter-American Development Bank, IDB)에서 Research Economist로 기후변화·환경 관련 공동연구를 수행하기도 하였다.

주요 연구실적으로는 "광역시·도별 자료를 이용한 에너지, 경제성장, 온실가스 배출 간의 관계 분석"(공저, 자원·환경경제연구, 2021), "글로벌 금융위기 전·후 외국인의 채권투자 결정요인 변화 분석"(금융연구, 2018), "글로벌 금융위기와 재정거래차익-한국의 사례"(국제경제연구, 2010), "국내외 금융시장의 연계성 변화 분석: 외환위기와 글로벌 금융위기 기간을 중심으로"(공저, 국제경제연구, 2010), "국가별 대미 금리차의 요인분해"(공저, 경제분석, 2009), "1993년 산업연관표로 본 한국의 산업연관 구조 및 효과 분석"(공저, 조사통계월보, 1996), "우리나라의 수출과 환경오염의 상관관계 분석"(한국은행 현상논문(3등), 1994), "The Effects of Export Diversification on Macroeconomic Stabilization: Evidence from Korea"(co-authored, *KDI Journal of Economic Policy*, 2019), "What Drives the Stock Market Comovement between Korea and China, Japan and the US?"(co-authored, *KDI Journal of Economic Policy*, 2018), "Energy Intensity and Firm Growth"(co-authored, *Energy Economics*, 2017), "Global Liquidity and Commodity Prices"(co-authored, *Review of International Economics*, 2016), "Vulnerability Indicators of Adaptation to Climate Change and Policy Implications for the Investment Projects"(co-authored, *IDB Technical Note*, 2015), "Mobilizing Resources for Supporting Environmental Activities in Developing Countries"(co-authored, *IDB Working Paper*, 2012), "Climate Change Funds and Implications for LAC Countries and the IDB"(co-authored, *IDB Technical Note*, 2011) 등이 있다.

정 영 호

한국은행에 2004년 입행한 이후 금융안정국, 경제통계국 등에서 근무하였으며 현재는 경제통계국 투입산출팀장으로 재직 중이다. 한양대학교 경영학과를 졸업하고 한국공인회계사(KICPA)를 취득하였다. 2019-22년에는 OECD의 SDD(Statistics and Data Directorate)에서 공급사용표 분석 관련 업무를 수행하였다.

주요 연구실적으로는 "우리나라 전자산업의 부가가치 창출 구조"(공저, 국민계정리뷰, 2019), "2015년 산업연관표"(공저, 한국은행, 2019), "2010년 및 2013년 지역산업연관표"(공저, 한국은행, 2016), "산업별 R&D의 스필오버 효과 및 성장동력원으로서의 역할 제고 방안"(공저, 한국은행, 2014), "소비내생화 산업연관모형을 이용한 우리나라의 소득분위별 상호연관소득승수"(공저, 한국은행, 2010), "New Approaches to Compute TiVA Indicators for the United Kingdom"(co-authored, *OECD*, 2022), "Globalization in Finland: Granular Insights into the Impact on Businesses and Employment"(co-authored, *OECD*, 2020), "Measuring TiVA"(*PAPAIOS, 2018), "A Trader/Non-trader View of South Korea's SUTs"(OECD EGESUTs*, 2017), "Derivation of Input-Output Tables(IOTs) from Supply-Use Tables(SUTs)"(co-authored, *PAPAIOS*, 2014) 등이 있다.

산업연관표·파이썬을 활용한 경제구조와 산업연관효과 분석

초판발행   2024년 5월 30일

지은이   유복근·정영호
펴낸이   안종만·안상준

편 집   탁종민
기획/마케팅   정연환
표지디자인   이영경
제 작   고철민·조영환

펴낸곳   (주)**박영사**
             서울특별시 금천구 가산디지털2로 53, 210호(가산동, 한라시그마밸리)
             등록   1959. 3. 11. 제300-1959-1호(倫)

전 화   02)733-6771
f a x   02)736-4818
e-mail   pys@pybook.co.kr
homepage   www.pybook.co.kr
ISBN   979-11-303-2008-3   93320

정 가   20,000원